人間力のある人はなぜ陰徳を積むのか

The book of Japanese Moral

CSコンサルタント／作法家
三枝理枝子
SAEGUSA Rieko

公益財団法人
モラロジー道徳教育財団

はじめに

「なぜ、日本を選ぶのですか？」

この本をお読みくださり、ありがとうございます。

はじめまして、三枝理枝子と申します。

私は、コンサルティングファーム「パッションジャパン株式会社」のＣＯＯ（最高執行責任者）として、お客様満足、従業員満足を仕組み・人創りで向上させ、組織を変革させるマネジメントコンサルタントとして活動しております。

一方で、日本人、そして海外の優秀な人材を、即戦力を求める日本企業に紹介し、育成する事業をしています。

「なぜ、日本を選ぶのですか？」

日本で働きたいと、熱望する海外の若者たちに尋ねると、主に次のような答えが返ってきます。

「自分のことより、人のことを考える国民は日本人以外いません。礼儀正しい日本人の心に触れながら、仕事をしたいです」

「治安の良さ、安全性はもちろんのこと、人間関係を大切にする日本のチームワーク力に心惹《ひ》かれます。自分の国は基本的に個人主義ですから……」

台湾、ベトナム、ネパール、ミャンマー、モンゴル……。自国の大学で高等教育を受け、国際感覚にも優れた彼らを欲しがる国や企業は多々ありますが、彼らは「日本」を選ぶことが多いのです。

これまで、数えきれないほどの外国人と個人面談をしてきました。表現は違えど、彼らが言うことはみな同じです。

「他の国にはない学ぶべきものが、日本にはある」

今回の東京オリンピック・パラリンピックでは、競技を超えた日本人アスリートの振る舞い、人間力の高さが海外メディアから注目を浴びました。

外国の方々に、私たち日本人は「道徳心の高い民族」として映るようです。

強みの伸ばし方を知らない私たち

なぜ、日本だけが、日本人だけが高い道徳心を持ち得るのか。その理由を、あなたは明確に答えることができるでしょうか？

残念なことに、当事者である日本人自身が、その強みや魅力を正しく認識できていません。それはおそらく、道徳という言葉に「堅苦しい」「上から押しつけられるもの」というネガティブな先入観を持つ人が多いからでしょう。

実にもったいないことです。

もし、今の日本から「道徳」が失われたとしたら、私たちの暮らしや仕事はどうなるでしょうか？　ルールを守らない。困っている人がいても見て見ないふり。年長者が敬われることがない。誰もが自分の利益と快楽を最大化するためだけに行動する。

そんなところで暮らしたり、ビジネスをしたり、子供を育てたいと思う人はいないですよね。

世界があこがれる日本の拠り所、道徳――徳を積む道――に、私たち日本人は今、まさに正面から向き合うべきではないでしょうか。

そうは言っても「どうやって向き合えばいいの?」という方が多いはずです。

安心してください。その答えは、私たちの足元にあります。

日常を離れて山奥に籠《こも》る必要も、膨大な教訓を暗記する必要もありません。必要なのは、自分と向き合う時間とほんの少しの勇気。それだけです。

私の人生を変えたひと言

私自身、道徳を学問的に修めたわけでもなければ、ハイレベルな人間力を持ち合わせた徳の高い聖人でもありません。

国際線ファーストクラスの客室乗務員として、日本人ならではのおもてなしの精神、作法を学び実践する中で、周囲を笑顔にすることで自分も満たされ、笑顔になる、そんな体験を何度となくしてきました。当時の私は「徳を高めよう」なんて考えもせず、ただ目の前のお客様にどうしたら喜んでいただけるか、それだけを考え、行動していたように思います。

そんな私が、道徳に正面から向き合うようになったのは九年前のある「ひと言」がきっかけでした。

十五万冊もの希書を所蔵し、その該博な教養から「知の巨人」と呼ばれた故・渡部昇一先生とお会いしたある日、先生がこうおっしゃったのです。

「あなたは心学《しんがく》をおやりなさい」

予想もしないお言葉に、私はきょとんとしてお尋ねしました。

「心学とは、石門《せきもん》心学ですか?」

「そうです。あなたはこれから女性として心学を柱に徳を説いていくとよい」

渡部先生とはご子息の玄一さんを通じて、ご一緒する機会を何度となく頂戴してきました。しかし、そんなふうに言っていただいたのは初めてでした。

儒教、仏教、老荘思想、神道などを取り入れた日常生活での道徳の実践。武士道からつながる商人の道。心を尽くしてどう生きるかを知る道の探求……。

尊敬する先生から有難い、もったいないお言葉をいただいたものの、自分の人間としての未熟さ、勉強不足を自覚していただけに、すぐにお応えできずにおりました。


そのころの私は、自分の使命や生きる志についても浅い考えしか持っていませんでした。そのように生きてみたいと、ただ憧れているだけの浮ついた人間だったのです。他人の評価を気にし、失敗して情けない姿は見せたくない。なんとかカッコウをつけて成功したかのように繕い、その場を収める。自分が傷つかないよう、自分が痛みを感じないよう、必死にきれいにまとめる偽善者のよう……。そんな偽りの自分の殻を破るような勇気は持ち合わせておらず、ぬくぬくと生きてきたのです。

徳――。そんな私がその日を境に、この大テーマと向き合うこととなりました。

転機には、偶然が重なるものです。

渡部先生からお話をいただいた三か月後、私の著書を読み、講演を聴いてくださった編集者の方から、人間学を探求する月刊誌『れいろう』（公益財団法人モラロジー道徳教育財団発行）の連載依頼をいただいたのです。

このような連載に適する人間ではないのに……。そう思いながらも、物書きとしての喜びも感じていましたので、恐縮ながらもお引き受けしました。あれから九年。私の執筆する「今日から始める自分磨きの習慣」は連載十年目に入ろうとしています。

人との出会い、やるべきこととの出会い。人生は実におもしろく、ワクワクします。

人や社会とともに自分も輝く

では、「徳を高める」とは、どういうことなのでしょうか。それは「自分を磨くこと」だと私は理解しています。

歯を磨く、床を磨く、互いに技術を磨き合う。〝磨く〟は、私たち日本人の暮らしに密着した言葉です。何度もこすったり、研《と》いだりして汚れを取り、滑らかにして、ツヤを出していく。そこには磨く側、磨かれる側という関係性が不可欠です。

その関係性は「自分を磨く」場合にもあてはまります。他者という〝磨き草〟、砥石に自分をこすらせないと磨くことはできません。人を磨いて、輝かせて、喜ばせてこそ自分磨きができる――。自分とは磨くものではなく「磨かれるもの」であり、人は人を磨くことでしか磨かれない、そういうものなのではないでしょうか。

道徳――徳を積む道も同じことだと私は思っています。決まった正解を上から押しつけるものでもなく、自分らしさの輝きを失わせるものでもありません。いつもの家庭や職場、地域の関わりの中で、いかに身近な人たちを笑顔にし、輝かせていけるか。その積み重ねを通じて自分らしい本来の輝きを増していくプロセス、そう捉え直してみませんか。それは周囲の人や社会とともに、自身も幸せになれる道です。

こんな今だからこそ

新型コロナウイルスという災厄によって、私たちは多くの制約を受けました。外出ができず、人とも関われない「ひとり」の時間。普段は立ち止まって考えることのない、自分の幸せ、人生の意味に思いを巡らせた方も少なくないでしょう。

こんな今だからこそ、しっかりと地に足をつけ、先の見えないこれからの世の中をどう幸せに生き抜いていくか、と考えるときではないでしょうか。

コロナ禍によって生活様式、コミュニケーション、働き方など、私たちの日常は変化を続けています。変化に流されず、人や社会との関わりの中で自分を着実に成長させていく道徳の重要性が、ますます高まっています。

中国の古典『大学』に、次の言葉があります。

「苟《まこと》に日に新たに、日々に新たに、又日に新たなり」

今日の行いは昨日よりも新しく良くなり、明日は今日よりも新しく良くなるように自分を磨いていこう。過去にとらわれず今日に満足せず、自分を高めていこう。この理想を体現するのは簡単ではありません。簡単にはできなくとも「そうありたい」と志すだけで、身に起こる出来事の受け止め方、ものの観方が変わってきます。

この不確実な時代を生きる私たちにとって、道徳は前途を照らす、夜道の灯りのようなものです。

ぜひ、皆さまにも、この灯りを手に入れていただき、人生をもっと楽しく、美しいものにしていただきたい。そうした思いから、今回初めて「徳」をテーマに本を書き上げ、お届けすることにいたしました。

今日からすぐに取り組むことのできるシンプルな実践ノウハウも盛り込みました。

「何のための人生ぞや」「自分はどう生きるか」

さあ、ご一緒に考えてみましょう。

人間力のある人はなぜ陰徳を積むのか

もくじ

はじめに

第1章　人間力の高い人は何が違うのか

第2章　外国人が日本に学ぶ12の徳

第3章 日本人はどうやって徳を積んできたのか

第4章　ワンランク上の自分磨きとは

第5章 実践編①——人間力を高めるセルフワーク

第6章 実践編②——まいにち自分磨き31

装丁――レフ・デザイン工房　神田程史

第1章

人間力の高い人は何が違うのか

仕事の中で人間力を高める

この一週間を振り返ってみてください。

「あのとき、もしかしたらもっと善いことができたかも。徳を高められたかも」。そう思えるシーンは、どれくらいあったでしょうか。「ずっと忙しかったから、そんな時間はとてもつくれなかったなぁ」。そうお感じの方もいらっしゃるかもしれません。

仕事をしながらでも、道徳心を高めることはできます。むしろ仕事、ビジネスの中で「こそ」と言ってもよいでしょう。

この世に万を超える職種がある中で、自分一人ですべてが完結するビジネスは、どれくらいあるものでしょうか。一つもないはずです。必ず相手が存在する。人間関係とビジネスは切っても切れない関係です。

それは、道徳も同じです。例えば、お客様、仲間への思いやり。思いやる「誰か」がいて、初めて成立するものですよね。

私が客室乗務員だったときの話です。

羽田から札幌行きの国内線に、団体のお客様が乗っていらっしゃいました。ご家族で、ご夫婦で、さまざまなグループで、皆さん、すでに旅の高揚感に包まれ、とても楽しそうです。

その中のある女性は、おひとり旅のようでした。座席に座るや否や、両手で腕をさすり始めました。時期は初夏、飛行機の温度は少し低めに設定されていました。

「お寒いですか。よろしければこちらをお使いください」

とても寒そうでしたので毛布を二枚お持ちして、足元と上半身にかけていただくようにお渡ししました。

「毛布ください」とお客様に言われてからお持ちするのでは良いサービスとは言えません。「ありがとうございます」。お客様はニコッと微笑《ほほえ》んでくださいました。

少し雑談をした後、「どうぞごゆっくりお寛《くつろ》ぎください。何かご要望がございましたら、なんなりとお知らせくださいませ」とお声がけして、その場を立ち去ろうとすると、「実は私、持病でリウマチがあって、こんなに冷たくなっちゃうんです」。そう言って私の前に腕を出されました。「失礼します」と腕を触らせていただくと、びっくりするほど冷たかったのです。

「そうでございましたか。ご気分はいかがですか」と伺うと、「大丈夫」と微笑んでくださいました。

何かできることはないだろうか。機内の温度を上げるには時間がかかります。ほかのお客様もいらっしゃいます。

「そうだ」と、あることを思いつきました。ギャレイ（飲物、食べ物を用意する場所）に行って、空のペットボトルにお湯を入れて、おしぼりを巻いて、簡易の湯たんぽをつくりお持ちしました。「形は悪いですけれど、どうぞ」とお渡しすると、目を細めて「まあ、温かい」と喜んでくださいました。

水平飛行になると、添乗員さんがツアーの方々にお弁当を配り始めました。私たちはすぐにお茶のご用意をしてお持ちしたのですが、なんと先ほどのお客様だけが召し上がっていませんでした。

〝あら、どうなさったのかしら。体調が悪いのかしら、お腹がすいていらっしゃらないのかしら、それとも冷たいお弁当は召し上がらないのかしら〟いろいろと思いを巡らせてみました。〝もしかしたら、お箸が使えないのかも〟そう思いました。リウマチの方と伺っていたのを思い出したのです。

「よろしければ、フォークをお持ちいたしましょうか」と、機内に予備で搭載しているプラスチックのフォークをお持ちしました。「ありがとうございます。えっ？ なんでわかったのですか。お箸使えないの。お手数をおかけしました」。そう言って、お弁当を開け、おいしそうに他の方々のように召し上がり始められました。

私は〝あ～良かった〟と、胸をなでおろしました。

おせっかいですが、もしかしたらと、行動してみて良かったと思いました。あのままお声がけしなかったら、お客様は一人だけお食事を召し上がらずに到着地に着き、機内から降りてその後のご旅行をお続けになったのです。

おもてなしとおせっかい

お客様は「毛布ください」とはおっしゃっても、「お箸では食べられないのでフォークありますか」なんて、自分からはなかなか言い出せないものです。

いかに察知して、想像して、思い切っておせっかいしてみるか。ここにおもてなしの醍醐味《だいごみ》があり、こうしたところに世界が注目する日本人の道徳力、人間力の強みがあるように感じます。

しかし、常に想像した通りに行動し、喜んでいただけたことばかりではありません。〝どうしたら良いか〟と考えて、考えて行動したのに、思うように喜んでもらえなかった。そんな残念な思いを、誰しも一度は経験があるのではないでしょうか。

間違っていたらどうしよう。自分の妄想で行動していたら、恥ずかしい。相手に不快に思われるかも。そんな思いが頭をよぎり、一歩を踏み出せなかったということもあるでしょう。「あのとき、ああすれば良かったのに」と。

外国の方からは、こんな質問をされることがありました。

「日本人はおもてなしの中で、他人との境界線をどう考えているの？　放っておいてほしいと思っているときでも、土足で入ってこられることがあって辟易《へきえき》する」

私は次のようにお答えしました。

「そうですね。相手を第一に考えないおもてなしの押し売りは、本来の日本のおもてなしではありません。他の方が喜んだからまたやるというような自分都合、独りよがりなおもてなしでは相手が迷惑してしまいます。ですから、いちばん大切なのは相手を思う心、慮《おもんぱか》ること、相手の思いを図ろうとすることです。さりげなく観察し、想像力を高めて、何をお望みなのか、心をつかってワクワクしながら考える。そうすることで何もしないほうがこの方には良さそうだと感じたら何もしない。ただ、黙って、温かい心を傾けたり、幸せを祈ったり、誠意をもって応対すればいいと思います。日本のおもてなしは本来、そういうものだと思います」

「もしかしたら」と思った内容は、この外国の方のように「おせっかい」と受け取られることもあるかもしれません。

しかし私は、「おせっかい」と取られるのではないかと躊躇《ちゅうちょ》して行動を起こさないよりも、その方の思いを測り、なんとか喜んでもらいたい、笑顔にできないかと考え抜いたうえで「思い切って」「おせっかい」することをおすすめします。なぜなら「もしかしたら」と相手を思い、想像力を働かせている時間は、着実にあなたの「我」は薄れ、本来の自分自身とやさしさに出会っているからです。

そして、お客様をおもてなしする中で、私自身がお客様の笑顔や感謝の言葉によっておもてなしされていた事実に気づくことでもありました。また、そうした心の交流を傍《そば》で見ている人の心も温かくするものです。

「○○なのに」を「○○のおかげ」に書き換える

誰かのためによかれと思って行動したのに、気づいてもらえない、感謝されない。そんながっかり体験をしたことはありませんか？　人間力を高めようと日ごろから意識している方なら、一度はあるはずです。ここではそんな悩みや葛藤を抱えながら仕事をしていた方々のエピソードをお伝えしましょう。

都内のフルサービスホテルのご支援をしたときのことです。ホテルには大きな宴会場もありました。そこを担当する営業と宴会サービスの方の話です。

営業の立場としては、お客様の要望を最大限にお聴きして、希望以上のことを叶えたいと思います。実際に下見にお越しいただいたりして、今年の趣向はどうかとか、コストをどれだけ抑えられるかといった打ち合わせを何度も繰り返します。次回もご利用いただけるように、お客様からの無理難題も聞き入れていくわけです。

時間をかけ、大変な思いをして宴会当日を迎えます。宴会を成功に導くように準備を整えて、どんなトラブルにも対応し、満足いただけるように細心の注意を払い、進行していきます。

そんな現場でトラブルが発生しました。

食物アレルギーのお客様がいないはずだったのに、宴会の直前になって、蕎麦《そば》のアレルギーがある人や、甲殻類はダメだという人がいるとの連絡が入りました。アレルギーなしで準備を進めていた調理場は大騒ぎです。特に甲殻類は出汁《だし》も関係してきますから注意が必要です。

宴会が始まって三十分後に前菜を出すことになっていたのに、お客様を待たせることになってしまいました。その結果、営業も宴会サービス係も、双方がいがみ合うことになりました。それぞれが頑張って対応したのに、感謝がないどころか、互いを非難することとなってしまったのです。

営業のほうには「自分たちがこんなに努力して取ってきた仕事なのに、宴会サービスの努力が足りない。調理場と連携を取り、なぜもっと早く対応できなかったのか」といった気持ちがありました。宴会サービス係では、「ちゃんと準備していたのに、遅れてしまったのは、営業がアレルギーのお客様がいないか、きちんと把握できていなかったからだ」と、不満を募らせていたのです。

でも、それぞれには、こんな事態を再び招かないために何らかの改善が必要という思いがありました。

営業も宴会サービス係も、相手の立場や苦労を考えずに、自分の不満だけをぶつけ合っているのを目《ま》の当たりにして、私は、この現場には「WE（私たち）」の意識が欠けていると思いました。

そこで、まずは「皆さんは今、どこに立って何を見ていますか？」と尋ねました。次に「〇〇なのに」という思考を「〇〇のおかげ」と書き換えてみませんかと提案しました。

初めは皆さん、渋々です。ただ、少しずつ「自分たちはお客さんを置き去りにして、お互いを非難しているだけだ」「お客さんに喜んでもらうのがゴールのはずなのに、そこに至っていない」とそれぞれが思い始めたようでした。営業は「宴会サービス係が行き届いているおかげで自分たちも仕事ができている」、宴会サービス係は、「営業の皆さんがお客様を運んでくれるから、自分たちも喜んでサービスができる」という発想に転換し、両者の間に流れる空気が変わってきたのです。

一か月後には、宴会サービス係は、営業の皆さんがもっと営業しやすいように、営業は、もっと宴会サービス係がやりやすいようにと考えるようになりました。例えば、営業は食物アレルギーのお客様が本当にいらっしゃらないか、再チェックを行う。この様子だと宴会の進行が二十分遅れそうだから早めに報告し、細かに進行状況を伝えようなど、自然に連携を取り合うようになっていきました。

職場には笑顔があふれ始めます。

「相手のために」は、結局、自分の喜びとなって返ってくるわけです。しかし、ここまで来るのは決して簡単ではありませんでした。

また、実験的にやって功を奏したことがあります。

営業は宴会サービスへ、宴会サービスは営業へ。それぞれ一週間、現場体験をしてもらったのです。想像力だけでは相手の苦労はなかなかわかりません。営業をしてみて初めて「こんな苦労があったんだ」とわかる。すると、おのずと、相手の立場に立つことができるわけです。

お互いの仕事がやりやすくなるように自分が何をしたら喜んでもらえるか、自然と湧き出てきて、実行し合えるようになりました。お互いを「知ること」によって険悪だった部署間の連携が取れ、職場の雰囲気が明るくなりました。

祖母の教え――自他不二の心

日本人ならではのおもてなしの心、心配りを支えているもの、日本人の心の下地になっているものは何か?

それはほかでもない、私たちの祖先が守り伝えてきた「道徳」であると、私は考えています。

私の母はビジネスウーマンで、私を出産してからもずっと共働きをしていました。寂しさを感じながらも母の仕事への情熱や溌剌《はつらつ》とした姿は私の誇りです。その母がいたからこそ、私も仕事をし続けているように思います。その母に代わり、私を育ててくれたのは、父の母親でした。

明治三十三年生まれの祖母はフェリス女学院で学んだ人で、当時としてはめずらしく、英語を話すことができました。また、とても厳格な人で、「孫は目に入れても痛くないほどかわいい」というような、世間一般の「おばあちゃん」のイメージからは遠い人でした。

私は、幼稚園に上がる前の幼いころから、食事のマナーをはじめ所作や礼儀、人としてのたしなみについて祖母から厳しく躾けられました。

お蕎麦屋さんで食事中、足をちょっとプラプラさせただけで腿《もも》をピシッと叩かれた痛みと恥ずかしさは今でもはっきりと覚えていますし、「トイレは使う前よりも美しく」という言葉は、今も私の中に強く残っています。

祖母が私に伝えてくれたのは「道徳」であったと、今では理解できます。

フェリス女学院の教育理念は「For Others」。『聖書』の「フィリピの信徒への手紙二章四節」に出てくる言葉で、「自分のことだけでなく、他人のことにも注意を払いなさい」と諭しています。

キリスト教と仏教という違いはありますが、仏教でいう「自他不二」の意味することと同じです。祖母の中にも自他不二の精神が息づいていて、それが、まだ人として何ものにも染まっていないスポンジのような幼い私の心に浸透していったのかもしれません。

私の人生において、なくてはならないものの一つに茶道があります。

茶道は日本文化の中でも特に精神文化の素晴らしさを追求したもの。一腕の茶をおいしく飲んでいただきたい、ただその思いから発する行為に人間としての生き方の追求を重ね合わせることができる神秘的な道だと思います。

「茶禅一味」という言葉がありますが、茶道とは禅の精神性から生まれていて、本来の自己を発見する道であり、茶を点《た》てる行為を通して自己を悟ると言われています。

そこで稽古に精進するだけでなく、『茶禅瞑想』など茶道の精神を通じて、自己を見つめ直し、究極の自己を実現する方法などを多くの方にお伝えしています。


私がそんな茶道に出会ったのは、高校二年生のとき。同級生の女の子の所作の美しさに魅《ひ》かれたからでした。

隣の席になった彼女は落ち着きがあり、いつも背筋がすっと伸びていて、凛《りん》とした印象を与える人でした。同い年なのに、なぜこんなに違うのだろう。うらやましいなと思い尋ねたところ、彼女は日本舞踊を習っていること、お母様が茶道の先生であることを教えてくれました。

そこで私は茶道を習うことにし、彼女のお母様に弟子入りしたのです。多くの素晴らしい師との出会いの中でも私が最も感化された方でした。幼稚園の園長もなさっていましたが、常に下座に立たれて、何をするにも「お先にどうぞ」と人に譲ってばかり。ご自分はいつも最後。優しさと厳しさで人の心を潤されている方でした。

思えば、茶道の師であり、やがて人生の師となったこの先生を敬うようになったのは、私の祖母の教えがあったからといえるかもしれません。

そして、茶道を学ぶ中で、日本人のおもてなしの心に魅了された私は、「人をもてなす仕事に就きたい」と考えるようになりました。

うまくいっているのに何かが足りない

全日空で客室乗務員として働く私の社会人生活は「おもてなしの心」とともに始まりました。お客様にいかに喜んでいただくか、お客様にいかに笑顔になっていただくか、本当にそれだけを考え、励む毎日だったように思います。

客室乗務員として十年を過ごし、結婚し、子供が生まれ、今度は子育てに向き合う十年を過ごしました。

その後、仕事に復帰したのがＡＮＡラーニングという人材育成会社です。ＡＮＡグループが培ってきた接遇やマナーなどのノウハウを教え、他企業のお役に立つことや後輩を育てることに生きがいを感じるようになっていました。機内という限られた空間で、私自身がお客様と直接触れ合ってきたこと、「こういうことをして喜ばれたから、皆さんもなさるといいですね」と指導させていただくことは、天職のようにも思えたのです。楽しくて仕方ありませんでした。

経営戦略としてＣＳ（顧客満足度）を重要視するようになった時代背景もあり、乗務員時代の私の学びと経験は、空に限らず、さまざまな企業にも応用できると認識されるようになりました。

私はその後、独立。研修講師、講演家、作家として活動するようになり、「日本人が世界に誇れるおもてなしの心」をより広く伝えられるようにもなりました。

日本人のおもてなしの心を伝えることは、私にとって日本人の「陽徳」を伝えること。そのことを使命のように感じるようになりました。

企業からの研修期間はさまざまです。短いものでは数時間、三日間など連続で伺うようなものもあり、決められた期間で行われます。ありがたいことに評価をいただき、繰り返し研修を担当したり、より密接に社員育成に関わるために、コンサルティングという形での依頼を受けることも増えていきました。

業績は上がり、傍からは万事順調のように映っていたことでしょう。

ただ、その裏で、私自身はある違和感を覚えるようになっていたのです。研修を受けてくださる方々に私が望む以上の成長、変化が見られなくなっていました。もちろん、一定の成長、変化はあり、喜んではいただけるのですが、何かが足りない。そう思わずにはいられませんでした。

原因は当然、私の力不足にあります。しかし、それだけではない、何か仕組みそのもの、私が培ってきたノウハウそのものに疑念を抱くようになりました。私が体験し、人に「善いこと」としてお伝えしているおもてなしの心は、相手を笑顔にするとともにに、自分自身も清々しい気持ちになったり、感謝されたりするもの。自己肯定感が高まるとともに、お客様の満足度も上がり、売上げも増えていく。そうした好循環を自分自身でつくり出していけるように、多くの方の成長を促してきたはずでした。

しかし、私が伝えていることはあまりにも一面的で、ある意味、きれいごとすぎないだろうか。人が成長するということは、きれいごとでは済まされない。そもそも、人間そのものが清濁両面を持っているものなのだから——。

気づきたくなかった事実を突きつけられているような気がしました。

ワンランク上の「陰徳」というステージへ

もっと勉強して、自分を掘り下げ、私自身が早く次のステージに行かなくては。この頭打ち感をなんとか打破しなくては……。

そう焦り、もがく中、目の前に現れたのが「陽徳」だけではなく、「陰徳」という概念でした。

太陽があれば月があり、女性がいれば男性がいる、というようにこの世のあらゆるものは陰と陽のバランスで成り立っている、と東洋では考えます。つまり陽徳があれば当然、陰徳も必要となるはずです。

通常、陰徳というと、人知れず、誰にも気づかれずに行う道徳という意味ですね。確かにそうなのですが、重要なのは、目に見えない自分の内面をすべて受け容れること。つまり、「良心」をきちんと働かせることができているかどうか、です。

いくら人前で美しい言葉づかいや洗練された所作、良い行いをしていたとしても、心の中が相手を見下す思いや、やってやった感でいっぱいだったらどうでしょう。その人の人間力は高まらず、相手や周囲を笑顔にし続けることはできないと思います。

私がこれまで実践したり、指導してきたものは、まさに「陽徳」。目に見える形で誰かに認識される行動です。表情、目線、話し方、聴き方、身だしなみ……。どれも相手を喜ばせる、心地よくさせるためには欠かせないものです。しかし、ともすると、〝目に見える形だけ整えていけばなんとかなる〟ともなりがちです。

陽のあたる部分だけ伸ばしておけばいい、陰の部分なんて見なくていい。私自身、そういう認識だったのかもしれません。

これに対して「陰徳」とは、目には見えない内面を掘り下げる世界です。いくら身だしなみを整え、笑顔で応対しても、実は、心は相手に集中できていなかったり、すべきことをできずにいる弱い自分をごまかしていたり。目に見えない内面の世界がどうなっているか、周りの人にバレなくても、自分自身はわかっています。見ぬふりをしてごまかそう、フタをして見えなくしてしまおうと。いわば、自分の奥底に隠れた陰の部分であり、心の毒といっていいかもしれません。

誰より私自身が、その毒に気づきながら、目を背け続けてきました。陽徳さえ実行していれば一定の成果が出せたし、なんとかなっていたのです。それまでは……。


そんな私が壁に直面しました。人を育てる立場となり、どうしたら相手の成長を促すことができるか、それを突き止めるうちに限界を迎えたのでした。そして、気づきました。相手を内面から変えようと思えば、関わるこちら側の内面がまず変わらなければならないのだと。

汗や涙を流し、人間力を高めようと思っていない人から、いろいろ言われたって共感できないですよね。「変われるのは自分だけ」ですから。

そうです。当時の私には「陰徳」が欠けていたのです。「陽徳」ばかりを嬉々として教えていた自分が偽善者のように思え、愕然《がくぜん》としました。

そしてひとり湯船に浸《つ》かりながら、シャワーを出しっぱなしにして、大声で泣きました。すべてを吐き出そう、邪悪な心を捨て去ろうと泣きました。

泣くだけ泣いたら落ち着きました。「よし、生き直すぞ」と思ったのです。

そこに辿り着けたのはよかったのですが、陰徳をどう実践していくのか。果てしない試行錯誤の日々が待っていました。

ポジティブ・シンキングへの疑問

こうした中、私自身、もう一つの軌道修正を迫られていました。

世界的ベストセラー『思考は実現化する』のナポレオン・ヒル、自己啓発の王様といわれたデール・カーネギー、カリスマコーチのアンソニー・ロビンズ……。

一九九〇年代に社会人となっていた人にとって必読の書でした。彼らが説く成功哲学に私もどっぷり浸かり、その思想から抜け出せずにいたのです。

彼らが説く「ポジティブ・シンキング」は、ものごとの良い面を探し、常に前向きに考えることで、それが実現化し、成功につながっていくという考え方（私の解釈）です。

それは人間に置き換えると、自分の長所、強みを探そう。そして、それを思う存分伸ばしていこう、ということであり、逆に読むと、「短所は見なくていいよ。そのままフタをしておこう」ということになる。そう私自身が解釈していることにようやく気づくことができました。

おもてなしの心として陽徳ばかりを追い求め、陰徳には気づきもしなかったように、自分の中の陰、短所もまたそのまま放置してきていたのです。

長所があれば短所もあるのが人間です。克服すべき課題である短所にはフタをして、長所だけ伸ばす。それで本当によいのでしょうか。人間としてのバランスが整うのでしょうか。悶々としてきました。

もちろん、自分の短所を克服するのは並大抵のことではありません。克服どころか、短所を見つめる、受け容れることすらエゴが邪魔をして、私はなかなかできませんでした（今でもまだ改善の途中にありますが）。

「今日もダメだった」

「いや、ダメじゃない。○○があったんだから今日はできなくても仕方ない」

自分中心の言い訳が湯水のごとく出てきます。実はそこに安住しているのです。

「そうやって責任転嫁するからダメなんだ。全然、改善できてない」

一日の終わりの私です。

できない自分、上手に自分が傷つかないように責任転嫁する自分、わかっていても同じ過ちを繰り返す自分。うんざりするほどの短所を嫌というほどに突きつけられながら、数年が過ぎました。

できない自分は、残念ながら思うほどには改善できていませんが、そんな自分から逃げない自分、ごまかさない自分、受け止める自分に少しずつ近づいてきているような気がしています。「環境が教えてくれる。環境を深く観れば自分に必要なことがわかる」と。

自分の甘さ、短所を受け容れることは、開き直ることではありません。短所を認め、そこからどう改善できるのかを考えること。考えたら実践すること。実践できずにもがくこと。それでも「自分は絶対に変われる」と、信じ抜くこと。これこそが自己信頼と言えるでしょう。

開き直りでも、ポジティブ・シンキングでもないことがおわかりいただけるでしょうか。

ラグビーは、ワールドカップでの日本チームの活躍によって国民的な人気になりました。ひとたび試合が始まれば、彼らは闘争モード全開になります。試合前のロッカールームでは「もしかしたら死ぬかもしれない」という恐怖と闘っているともいいます。

そうした自身や相手の野蛮性を認め、受け容れているからこそ、より強く紳士であろうとする。その姿が観る人の胸を打ち、感動を呼ぶのです。野蛮なだけのプレー、あるいは品行方正なだけのプレーよりも、どれほど魅力的な香りを放っていることでしょう。人間としての道も同じことのように思うのです。

困難は磨き草

磨き草である困難の受け止め方が変わると、現実生活にどんな効果があるのか。ビジネスシーンを例に挙げて、考えてみましょう。

ある商社の全国にある営業所を支援したときのことです。

営業職の場合、自社の商品やサービスを売り込むのではなく、相手が欲しい情報をいかに提供できるかが信頼となり、購入につながります。ですから、私がコンサルタントとして支援に入らせていただく場合、クライアントと信頼関係を築くために「まず情報提供をできる人になろう」という行動変革から始めることが少なくありません。

そのうえで、契約につながる目標達成のための日次の指標として「一日、質問を十件もらってくる」など具体的な行動指標を設定します。なぜ質問かというと、質問をもらえば返答が必要になり、お客様との接点が増えるからです。

これでうまくいくかというと、そんな簡単な話ではありません。「質問十件、やります！」と約束したのに、フタをあけてみれば「緊急のトラブルが起きて、できなかった」「売り込みが大事で、思ったように質問が出なかった」など、目標と乖離《かいり》した結果になることが少なくありません。

よくあるように、できない「言い訳」が先に立つのです。ただ、それは想定内。「なぜ緊急のトラブルが起きてしまったのか」「トラブルが起きなかったらできたのか」「トラブルをなくすにはどうするか」「なぜ、思ったように質問が出なかったのか」「事前の準備はしたのか」など、やらなかった、もしくはできなかった原因を追及していきます。

その人の考え方、生き方にも入り込んでいき、根本原因まで見つけていくのです。根本原因の裏返しが解決策ですので、徹底的にここに時間をかけます。

不完全だから磨き合う

誰でも追及されるのは嫌なものです。相手から嫌われます。私は、コンサルタントは人の成長を通じて、変化をもたらす仕事だと考えていましたが、さすがに嫌われるのは嫌なものです。

「なんでわかってもらえないのだろう」

「どうしたら相手の心に入り込めるだろうか」

考えても考えても、なかなか答えが出てきませんでした。その場では元気に振舞っていますが、自分が未熟で、情けなく、肩を落として帰ったことが何度もありました。

人の成長とひと口に言っても「相手を変えよう、変えよう」と思っているうちは、うまくいきませんでした。

不完全なのは相手、変わるべきは相手であり、自分は変わる必要がない。何事もそういうスタンスでいると、相手との関係は対立的になり、うまく事が運びません。生き方まで追及していくのですから、当然、信頼関係ができていないと、「あの人が言うなら」と思ってもらえず、「現場のこともわかっていないくせに余計なお世話」と険悪な雰囲気になってしまうのです。

教える側、教えられる側という区別ではなく、相手も私も「不完全な存在」であるという認識のもと、お互いに成長していこうという「互師互弟《ごしごてい》」のスタンスが重要になってきます。

「相手を変えよう」ではなく、まず「私自身を変える」ことによって「相手が変わる」のです。

感化しようと思って感化できるものではありません。自分の姿を見てもらうしかないのです。「感化しよう」と思ってもダメなことを痛感しました。

まさに「人生意気に感ず」です。

第2章

外国人が日本に学ぶ 12の徳

外国の若者が注目する「ジャパニーズ・モラル」

外国人と接する機会が多い仕事柄、海外の若者たちとコミュニケーションを取り、日本企業で活躍してもらうための心得を伝えたり、悩み相談にも乗っています。

外国人といっても、実際はアジアの国々が多いのですが、給与が格段に高いわけでもない日本でなぜ働きたがっているのか、その理由がなかなか興味深いのです。

例えば、急速に発展する中国都市部の給与は、日本を上回ります。「中国にいればたくさんのビジネスチャンスがあるのに、なぜ日本で働きたいのですか？」。そう尋ねると、日本人の礼儀正しさや安全性などはもちろんのこと、自分のことより人のことを考える国民は他にいない。だから、日本人の利他的な心に触れたいと言うのです。

私たち日本人が当たり前のように行っている、列に並ぶという行為。こういうことに彼らは感動するようです。皆が公平で、安全で、気持ち良くなるために。

彼らは「僕の国では、電車が来ても列に絶対並ばないし、せっかく前に並んでいても押し倒されてしまいます」と言って、日本人の規律や礼儀正しさを称賛します。そして、そんな国で暮らし、働きたいと言うのです。

城が好き、アニメが好き、四季が美しい。外国人が日本を好む理由はたくさんありますが、その根底にあるのが日本人への好感であり、日本人が行っている善い振る舞い、モラルなのです。

世界中から称賛を浴びた日本選手

東京2020オリンピックで、開催国の日本は過去最高となる二十七個の金メダルを獲得するなど、代表アスリートの活躍が光りました。

そうした競技の結果とは別に、SNSで大きな話題となったのが、日本人メダリストの人間力の高さです。

男子柔道六十キロ級の決勝は、リオデジャネイロ五輪の銅メダリスト・高藤直寿《たかとうなおひさ》選手と台湾の楊勇緯《ヤンユンウェイ》選手との対決となりました。試合は四分間で勝負がつかず、延長戦へ。

最後は楊選手が三回目の指導を受けて高藤選手の反則勝ちとなり、今大会の日本人金メダリスト第一号に輝きました。自身にとっても初の金メダルです。うれしくないはずがありません。しかし、高藤選手はガッツポーズで喜びを表現することもなく、勝敗が決するや、敗者となった楊選手のもとに歩み寄ったのです。

台湾に史上初の金メダルをと期待を背負って畳に上がっていた楊選手。うなだれるその姿からは、悔しい気持ちが伝わってきます。高藤選手は、そんな楊選手に自ら歩み寄ってその手を握り、抱擁しました。何か言葉を交わし合った後、ふいに楊選手が高藤選手の手を挙げ、勝利を称えました。すると、とっさに高藤選手が楊選手の左手を握り返し、高々と掲げたのです。

「お互いを称え合う抱擁 これぞ五輪」

「両者のスポーツマンシップに感動!」

このスポーツマンシップあふれるシーンにSNS上のファンが反応。数々の反響が寄せられました。高藤選手は畳を降りる直前にも正座し一礼するなど、競技力だけではない、その人間力が大いに注目されたのです。

五輪以外でもエピソードには事欠きません。

二〇二一年四月に、男子ゴルフの海外メジャー「マスターズ」で松山英樹選手が優勝したとき、キャディの早藤さんがカップにピンを戻し、帽子を取ってコースにお辞儀をしました。日本人にとってはめずらしくないこの行為が、世界中の感動を巻き起こしたのです。応援してくれた観客、大会の開催者、今まで共にやってきた仲間たち、皆に感謝の気持ちで頭を下げたのでしょう。

この姿はSNSで世界中にシェアされました。あるSNSでは、八時間で二五〇万回再生されたといいます。そこでのコメントが、なかなか凄いのです。

「日本人は気高く礼儀を備えた国民だから、年長者や家族、伝統や習慣、対戦相手を重んじるんだ」

「日本人のような敬意の示し方は、今の世界に欠けている。だから映像を観たとき、感動の涙が流れてくるんだよ」

「名誉と敬意は日本文化に深くしみ込んでいるんだ」
「これが一流の国民の姿だ」
もう称賛の嵐です。これは、キャディさんが日本人の「礼に始まり、礼に終わる」という行為を体現したことで湧き起こった感動でした。

ジャパニーズ・モラルの根っこは「陰徳」

今、全米で最も人気のある日本人といえば、メジャーリーグ、ロサンゼルス・エンゼルスの大谷翔平選手でしょう。全米が注目するオールスターゲームに史上初めて、ピッチャーとバッターの二刀流で出場し、勝ち投手になったのですから、注目されないはずがありません。

そのアスリートとしての実力もさることながら、大谷選手の凄さはその人間力。今年六月のある試合では、プレー以外のある行為が大きな話題を呼びました。

それは〝ゴミ拾い〟です。タイガース戦でバッターボックスに立った大谷選手が、四球を選び、一塁へ向かう途中の出来事でした。いつもどおり肘当てなどをボールボーイに丁寧に手渡し、数歩進んだところで何かに気づいたのでしょう、さっとかがんで小さなゴミを拾い、左ポケットに入れたのです。

その一瞬のシーンを米メディアは見逃さず、動画付きでツイッターに投稿。すると、

「すべての子供に見てもらいたい偉大な模範」

「大好きだ。一流の振る舞い」

などと全米のファンから絶賛の声が寄せられました。

「ゴミを拾う」という行為自体は、特別な技能や高度な知識のいることではありません。では、なぜ大谷選手のゴミ拾いはここまで称賛されたのでしょうか。

私は、そこに彼の「陰徳」の力の凄さを感じるのです。

大谷選手のプレーの一挙手一投足は、スタジアムの観衆や中継を通じて世界中が目にするところとなります。とすれば、一塁へ行く途中のゴミ拾いも、誰かに見られる中で行ったことですから「陽徳」とも言えます。

本人の心の中がどうであったか、確かめるすべはありませんが、その自然体の所作

や彼の表情からして、そういう「我」の臭いを感じにくいのです。

もし、自分優先のエゴのために、したくもないゴミ拾いをしていたとしたら、全米から「スタンドプレー」だとして、非難を浴びていたでしょう。

きっと大谷選手には、誰が見ている見ていないに関係なく「落ちているゴミを見つけたら拾うことができる自分」であろうと、日ごろから内面を深掘りしていたに違いありません。

陰徳を行うとは、わかりやすく言えば「自分を慎む」ことです。

「慎」という字は、「心」を表すりっしんべんに「真」の字が組み合わさってできています。自宅謹慎などという熟語のイメージから、慎むとは、悪い行いの罰として行動を控えることだと誤解している方があるかもしれません。本当の「慎む」とは、静かに内面を掘り下げて本当の自分を知ること、気づいていなかった「新しい自分」に出会うことだと私は解釈しています。

大谷選手は高校時代から、自分が達成すべき目標を設定し、それを実現する具体的な方法を見える化したシートをつくり、活用していたことが知られています。その当時から、目標達成の具体的方法として「メンタル」「人間性」「運」を掲げ、その実践に努力していたのです。

時には思うようにできない葛藤を感じたこともあったでしょう。見たくもない自分の我、陰に向き合う辛さを味わった日もあったのではないでしょうか。まだまだ発展途上かもしれませんが、それを乗り越えて「陰徳」を高め、自分を磨き抜いた結果が、今に結実しているように思います。

日本で働くために必要な精神性

この「陰徳」をどのようにして現代で実践していくのか。そこへ入る前に、なぜ私がこうした仕事を行うようになったのかについて、お話ししましょう。

CSコンサルタントとして、多くの企業とお付き合いし、問題解決をしていく中で、必ず出てくるのが、「あなたの会社の問題は何ですか?」という問いです。

そうお尋ねすると、「優秀な人が採用できません」という話が、どの会社からも寄せられました。そこで、私がCOOを務めるパッションジャパンの代表が、元商社マンの豊富なネットワークを駆使して、優秀な人材を海外から集めることになったわけです。

台湾、ベトナム、モンゴル、ミャンマー、ネパール、イスラエル、ロシア。こうした国々の提携先や大学、大手の日本語学校に「こういう日本企業があるので応募する人はいませんか」と問い合わせると、対象者を探してくれます。

当初は、ホテルや旅館で働きたいという人が多かったのですが、今は、EC企業を志望する人、ITエンジニア、CAD（コンピュータ支援設計）人材といった人たちが多くなってきています。

面接では彼らに「日本になぜ来たいのか」「日本で何をしたいのか」「あなたの夢は何？」「あなたの得意なことは」といったことをまずヒアリングします。その後、「こういう企業もあるけど、どう？」「こちらのほうがあなたにマッチするのでは」などと一対一で最低三十分は面接し、マッチングさせていくのです。

そのままで内定を獲得する人も中にはいますが、そうでない人がほとんどです。たとえ優秀であっても、日本の企業が求める人材へと鍛えていかなければなりません。ですから、付け焼き刃的な指導ではなく、日本で活躍するために大切にしなければならないこと、気をつけなければならないことを伝えます。

また、内定してから採用までの間も、日本の企業風土や規則、報連相（報告・連絡・相談）といった慣習や時間を守ることの大切さなどを伝えます。日本企業で十年ほど働き永住する人もいますが、多くの外国人はずっと日本に留まるわけではありません。いずれ母国に戻り、そこで日本の精神性を広げていってくれたら、という思いもあって始めたことです。

彼ら、彼女らは、日本人でも入りたくても入れないような大手企業にどんどん就職していきます。内定を勝ち取るまでに多い人は十回以上もの育成面談を行い、とことんサポートするのです。「工数がかかって大変ですね」と初めはよく不可解な表情で見られました。私たちのめざすことを知ってくださると、その変人（おせっかい）ぶりに理解を示してくださるのです。

日本で働きたいという若者は皆とても純真で、心から応援したいという気にさせられます。わが子のような感覚ですね。彼らをとことん応援する私たちの姿勢を見て、ある方から「極めて日本的だ」と言われたときには、ちょっと嬉しくなりました。

相手やみんなの時間に配慮する日本人の人間力

彼らが日本の企業になじみ、活躍できるように私が指導するポイントの一つに「5S」があります。

5Sは、整理、整頓、清掃、清潔、しつけの頭文字に共通する〝S〟を取ってつけられた名前で、一般には「職場環境を整える」と説明されますが、これは、場を清めるという日本人特有の思想から来ています。外国には基本的に5S活動はありません。トヨタなどが少しずつアジアに広げていっているようです。

要らないものを捨てるのが「整理」で、「整頓」は取り出しやすいように並べること。「掃除」は清潔な状態にすること。そうした職場環境を常に「清潔」に保つように心がけ、「しつけ」は決められたルールを守る習慣を身につけること。つまりは、心の問題なのです。

特に日本企業は「十五分前行動」「五分前行動」など、時間を大切にします。時間の余裕は心の余裕になる、相手の時間を無駄にしない、私たちの時間を無駄にしない、という日本特有の考えが背景にあるのでしょう。

「時を守る」「場を清める」「身を清める」

これらは、私が新入社員研修で必ずお伝えしていることです。

相手を重んじ、互いに気持ち良く過ごすことを大切にしている企業が、日本では業績につながっているといっても過言ではないと思います。

「神々は細部に宿る」です。

誰もが犠牲バントを打てる強さ

次にご紹介する「日本の精神文化十二箇条」は、外国人が日本企業で働くに当たって必ず身につけておいてほしい精神文化を、私がまとめたものです。言ってみれば「日本人らしく生きるための心得」です。

さて、皆さんは、どれくらいできているでしょうか?

私は研修前や入職前に、この十二箇条を一つ一つきちんと説明しています。

中でも「自己犠牲」という精神が、外国人にはなかなか難しいようです。まさに日本人が誇る「陰徳」の最たるものかもしれません。

かつて阪神タイガースで活躍した吉田義男選手が、フランスのナショナルチームの監督になったとき、外国人に犠牲バントや犠牲フライを教えるのがとても難しかったと語っていました。海外の選手にとっては華々しいホームランが一番の目標であり、次のバッターのために自分が犠牲になるなんて考えられない、というわけです。

日本の精神文化 12 箇条

1. 規律・ルールを絶対に守り、尊重する
2. 時間に厳しく、遅れない
3. 約束を必ず守る
4. 5S（整理・整頓・清掃・清潔・しつけ）を大切にする
5. 必ず挨拶・礼儀で人を敬う
6. 笑顔を忘れず、笑顔で人と繋がる
7. 「助け合い・譲り合い・思いやり」精神を常に意識する
8. 家族・仲間・上司・会社を好きになって大切にする
9. 先祖や後生《こうせい》の存在を忘れず、その人たちの思い、未来も背負う
10. 「自己犠牲」の尊い思いを持つ
11. 失敗を恐れず、強いもの、偉大なものにチャレンジする
12. 「ありがとう」の気持ちを常に持ち、感謝報恩「恩返し」ができる人になる

しかし、日本人は、犠牲になるのは弱いからではなくて、強いからこそ犠牲になれることを知っています。

外国の人々に、「人のためにひと肌脱ぐ」などと言っても当然、理解してもらえません。そこで、自己犠牲とは「たとえ自分に余裕がないときでも、自分に何かできないかを考えて動くことです」とお伝えしています。犠牲は自然の摂理です。

十二箇条をご覧になって、お気づきかもしれませんが、「失敗を恐れず、強いもの、偉大なものにチャレンジする」以外は、すべて相手あってのこと。

聖徳太子が「和をもって貴しとなす」と十七条憲法で説いたように、日本人は古くから、人の和を尊び、仲良くすることを第一にしてきました。ただ一緒に何かやればいいというわけではありません。自分の意見や信念はきちんと持ち、他に依存することなく、互いを尊重しながら調和を図っていく。「和して同ぜず」が日本人のめざす「和」のイメージでしょう。どこかに無理が生じそうになったら、お互いが少しずつ我慢できるところを探し、痛みを分け合い、争いに発展しないよう協力し合うのです。状況によっては、誰もがいつでも「犠牲バント」を打てるところに、日本人の強さがあります。

私のお客様から私たちのお客様に

石川県の能登半島に、加賀屋という、おもてなし日本一の旅館があります。お部屋からも海が一望できる風光明媚な温泉地に、百十二年も前から営業している老舗旅館です。「プロが選ぶ日本のホテル・旅館百選」に三十六年も連続日本一に選ばれ続けた旅館ですから、堂々の日本一ということができます。

この旅館を支援させていただきました。

おもてなし日本一の旅館になぜ、さらなる外部の支援が必要かと不思議に思われるかもしれませんが、一位に慢心することなく、常に高みをめざしたいとの姿勢をお持ちだったのです。

現場では、一人ひとりの社員の中に「私のお客様」という意識が強すぎて、お出迎えしてからお見送りまで、人によって担当のお客様しか見えていないということが起きていました。お客様にとっては最高のおもてなしをしてくれるスタッフであっても、それはＩ（私）の世界であり、ＷＥ（私たち）とはいえなかったわけです。

ＩをＷＥに変えれば、どんなに素晴らしくなるだろう。そう思い、若女将《わかおかみ》と相談し、「私のお客様」から「私たちのお客様」に意識を変えていくことになりました。

例えば、Ａさんご一家につく一人の客室係の人は、Ａさんたちだけの満足や、お客様の評価を得ることによる自己満足だけになっていないか。もちろん自然に身体が動くスタッフもいますが、私のお客様、その意識が強すぎると他のお客様のことが見えなくて、気が利かないと思われたり、無駄な動きをしたり、ということが狭いプロ意識ゆえに起きていたのです。

ＷＥの視点から生まれた一体感

ＷＥの視点を持つということは、旅館に来てくださったお客様は、すべて私たちのお客様という目を持つということ。みんなでお出迎えして、みんなでおもてなししましょうという方向に変わると、他のお客様がどのような思いをしていたかとか、ここで時間を取ってはいけなかったのかもしれないとか、今まで見えていなかったことが見えてきます。あらゆるお客様に対するサービスがさらに向上し、みんなでお客様をもてなすという一体感が生まれていきました。自分も他の従業員から助けてもらえるし、自分も助けるということも起きてくるのです。

他の従業員が担当するご家族にちょっとした気づかいをしたところ、逆に自分が担当するご家族の子供の面倒をみてくれたりと、助け合いが生まれ、たくさんの目がお客様に向けられることになり、お客様からのアンケートの評価も上がるという好循環が生まれました。

仏教用語の「自他不二」も、自己を愛するのならば、他人の自己も同様に愛し、尊重しなければならない。自分と他人は同一のもの、自他の区別、境界線はないという考え方です。

「自分が忙しくても、仲間も忙しいから自分が助けられることは進んで行う」は、この自他不二の考え方。ＩでもＹＯＵでもなく、ＷＥであるということ。この意識があるところには、常に笑顔や喜びがあるということを私は長年、接客に携わる中で感じてきました。そうなれば、しめたもの。私優先でもない、あなた優先でもない、私たちがともにという「WE」の協調・協働の感覚がストンと身体に入ってきて、あとは好循環が待っているはずです。

加賀屋では、おもてなしKPI（Key Performance Indicator＝重要行動指標）というものをつくっています。お客様が滞在している間に「さすが、加賀屋ですね」と必ず言っていただこうという指標です。

そのためには、いかにサプライズを起こすか。

まずはチェックイン後、お連れの方とはどういうご関係なのか、どんなことを楽しみにおいでいただいたのかなどを、ご案内するスタッフが客室に行くまでに聴き出し、その情報をみんなで共有し、どんなサプライズやサービスをすればお客様が喜ばれるかを考え、行動します。

自分が見聞きした情報を、みんなで共有して、「さすが加賀屋ですね」を、みんなでつくっていく。まさに和の精神です。

それまでは、個人の裁量でサプライズを考えていました。会社の仕組みでやることによって何人もの知恵が結集するため、アイデアがたくさん出てきて、お客様にとってのサプライズの幅が広がっていきます。

例えば、こんなアイデアも出てきました。

フレンチをお出しする際に、シェフが出てきて、「本日のメインディッシュは何々でございます」と言って、金属製のクローシュ（丸い蓋）をかっこよく取って、召し上がれというシーンがありますね。そこを、お客様に、「恐れ入りますが、蓋を開けていただけますか」と言って、極上のお料理と出会う瞬間を味わっていただく、そういった演出をしたりします。すると、お客様は初めての体験に心躍らせたり、給仕に「ありがとうございます」と言われて嬉しくなる。このように、普段やっていることに少し変化をつけ、お客様と給仕する側が喜びを共有することで、お客様の旅の思い出をひとつ作るお手伝いをするのです。お客様はもちろんのこと、これを考えた従業員も、一緒に話し合った仲間たちも喜びを共有できます。

「参加することで喜びは膨らむ」

こんなことが繰り返される旅館があると知ったら、行きたくなりませんか。

CA時代に鍛えられたこと

なぜ私が、有難いことに日本一の老舗旅館加賀屋や大手企業をご支援できるようになったか。そこにはANA時代の経験が効いているように思います。

私は、国際線のチーフパーサー（客室全体の総括責任者）でした。国際線でしたら、ファーストクラス、ビジネス、エコノミーのそれぞれのクラスにパーサーが一人ずついます。それを束ねているのがチーフパーサーです。

チーフパーサーが、怖かったり、人間力がないとどうなるか。お客様が敏感に察知し、「今日のチーフパーサー、怖いんでしょう?」などと言われたりします。それだけ、客室全体に影響を及ぼす存在でもありますから、責任重大です。どの組織でも同じでしょう。「魚は頭から腐る」と言われます。組織はリーダーにかかっているのです。

フライト前にはプリ・ブリーフィング、フライトの後にはデ・ブリーフィングを、乗務員を集めて行います。プリ・ブリーフィングでは、保安的なチェックに加え、こういうお客様がいらっしゃるので、今日はこのようなフライトにしましょうという方向づけを、チーフパーサーの責任で行うのです。

私はチーフパーサーとして三つのことを心がけていました。「明るく朗らか」「みんなの持てる力を結集できるように」「ダメなことはダメと言える。そして謝れる自分であること」の三つです。

個々人が持っている力をただ足して合わせるのではなく、個からチーム、つまりIからWEになることで、倍の力になる。さらに、人のために協力するとか、犠牲になることによって、それ以上の力となり、してもらった人が今度は恩で返していくといった形で、力がどんどん増幅していくのです。

日本の航空会社では新入社員の研修のときから、すべてのお客様は自分のお客様であり、クルーとして責任を持つという姿勢を徹底させます。

WEの感覚で大切なこと

想像力や察する力が優れている私たち日本人は特に、自分さえよければいいという次元から、WEの次元に入ったとき、とてつもない力を発揮します。

しかし、その過程に至るまでには修行が必要です。私なども、〝まだまだWEの次元ではないなあ〟といつも感じながら生きてきました。

例えば、人を慮るには、自分の心を深く探る必要があります。自分の心もわからない人は、他人の心を察することができないからです。自己探求は常に必要です。

中には、どうしても苦手な相手が出てきます。なぜ、私はその人を苦手と思うのかと、自分に問いかけてみる。一回目に出てくる答えはほぼ、大したことではありません。「それはなぜ?」とさらに問いを重ねていきます。すると「そういえば、自分も同じようなところがあるな」など、相手に向いていた矢印が自分に向く瞬間があるのです。自己探求の始まりです。

相手を変えることはできません。自分を変えない限り、ものごとはよくならないのです。これは家庭でも組織でも同じでしょう。

自分の目の前に現れているのは、すべて自分を映し出す鏡。

他人、環境、社会、お客様、上司、部下、仲間を変えることはできません。原因を「他責」にしていては変化は望めないでしょう。WEの次元に入るには、たとえ理不尽であってもすべて身から出たさび、自分の責任だと考える「自責」の習慣を持つことが不可欠です。こうした日本の精神文化、道徳心を高める習慣はいつから、どうやって形づくられてきたのか。私たちの祖先が何を学び、何を「善し」とし、「正しい」と信じ、さらに私たちに伝えようとしてきたのか。

次章では、それらを一緒に辿《たど》っていきたいと思います。

第3章

日本人はどうやって徳を積んできたのか

儒教によりもたらされた道徳

大河ドラマ「青天を衝《つ》け」の主人公であり、令和六年（二〇二四）から新一万円札の顔ともなる渋沢栄一。日本の近代資本主義の父とされる渋沢は、明治初期、公益を追求する「道徳」と利益を求める「経済」の両立を唱え、金儲けに走りがちな実業家たちを「道義にもとる商売はするな」と諭しました。そうした話をまとめたのが『論語と算盤《そろばん》』であり、「算盤」は経済を、「論語」は道徳を象徴しています。

『論語』は中国古代の思想家・孔子の言葉をまとめたものです。この孔子の思想に基づく儒教は「仁、義、礼、智、信」を重んじ、君臣、親子などの関係をいかに良いものにするかを説いています。儒教思想は、日本人にも多大な影響を与えました。とりわけ、儒教を発展させた朱子学は、江戸時代の日本で盛んに学ばれました。

このようにお話しすると、「日本人の道徳は大陸からもたらされたもの」と思いがちですが、それは違うようです。日本人には、そうした道徳を「尊い」と受け止める感性がもともと備わっていたのだと思うのです。

お天道様は見ているよ

メダルラッシュとなった今回の東京オリンピック、パラリンピックでは、何度となく表彰台に「日の丸」が掲げられるシーンを目にしました。日本の国旗「日の丸」は飛鳥時代（七世紀）から「日出づる処」「日の本の国」を自負してきた日本を煌々《こうこう》と照らす「日」（太陽）をデザインしています。

太陽は日本人にとって、特別な存在です。お正月には必ず「初日の出」を拝みにいくという方もいらっしゃるでしょう。古代の日本人は昇る朝日に手を合わせ、柏手を打っていたといわれます。太陽の女神「天照大神《あまてらすおおみかみ》」は日本神話の最高神であり、皇室の祖神《そしん》でもあります。万物を恵み育てる一方、日照りや災害など脅威も与える自然を日本人は畏《おそ》れ敬い、そこに神を感じるようになったのです。

子供のころ、家庭で「お天道様は見ているよ」と教えられた方も多いでしょう。人を思いやり、常によく生きようとする道徳心も、日本人は自然から体得してきたのです。すべての始まりが自然。これが日本人の世界観を形作ってきたといえるでしょう。

縄文時代に始まるおかげさまの精神

日本人は「おかげさまで」という言葉をよく使います。

この「おかげさま」、外国語に訳そうにも相当する言葉がないそうです。努力して何かを成し遂げた日本人は、多くの場合、自分が頑張ったことを称えることよりも、まず周りへの感謝、そして謙虚さを示します。

縄文の昔から日本人は、自然を人間が征服する対象ではなく、人間が自然の一部と考えてきました。「自分勝手はしない」「弱い者はみんなで守る」「人の役に立ちたい」。そうした思いは、互いに協力することで共同体を築き、ムラやクニを形づくった縄文時代に始まるとも言われます。

共同生活の中で、先に生まれた者を敬う精神も培われました。長老は卓越した指導者としてチームで生活するリーダーシップを発揮し、老人は秀でたものであったといわれています。自然を愛し、共に生きる日本人の本質的な生き方、ここに日本の道徳の土台があると言ってよいでしょう。「陰があるから陽がある」のです。

神道はいかに生きるかを問う道

今や日本全国至るところにあるコンビニエンスストア。その店舗数をはるかにしのぐ、日本最多の文化建築物が「神社」です。

辞書で「神社」を引くと、日本固有の宗教である「神道」の信仰に基づく施設と説明されています。とはいえ、神道には経典もなく、開祖もいません。宗教というよりも、「いかに生きるか」を問う「道」といったほうが、日本人の感覚には合うかもしれません。

剣道、茶道、書道など「道」は日本のあらゆる伝統文化に見られます。自己探求つまり「自問自答」であり、そこを大切にできる姿勢が何よりも尊ばれるのです。

あるべき姿と現状の自分を比べて、そのギャップ（差）を直視し、自分になぜこの問題が生じているのかを問いかける。原因を突き詰め、解決策を出して行動する。この自己探求こそが「道」と呼ぶにふさわしいあり方でしょう。

差をなくしていくことこそ「差取り」、つまり「さとり」。言葉遊びのようですが、案外これが、日本人としての生き方をシンプルに表しているように思えるのです。

「かがみ」から「が」を取ると

神社にお参りにいらしたとき、本殿や拝殿に「鏡」が置かれているのを目にしたことがないでしょうか。

古《いにしえ》より鏡は、自分の姿を映し、正しい動きや形に修正したり、姿を確かめるために使われてきました。それだけでなく、心の状態も映し出すものと信じられてきたのです。「かがみ」の「が（我）」を取ると「かみ（神）」になるという教えから、手を合わせる際には「我を取るように」と言われてきたようです。

何か善いことをしたとき、人に褒められずとも認められずとも、清々しい気持ちになったという経験がないでしょうか？　私はあります。心が温かくなり、嬉しく感じるものです。逆に悪いことをすると、それが人に知られ、明らかにならなくても、自分の気持ちはふさぎます。

心を磨いて、善い香を醸し出すことのできる人間になるのか、醜い心で悪臭を放つ人物となるか。それは自分の心のあり方次第だと神道は教えるのです。

神武天皇が描いた日本のありたい姿

令和三年（二〇二一）現在、日本には年に十六日の祝日があります。今でも「旗日」と呼ぶ方がいらっしゃいますが、これは国旗を掲げてお祝いする日という意味からきた言い方です。

二月の十一日は「建国記念の日」。かつて二月十一日に日本を建国したのはどなたか、ご存じでしょうか？

『古事記』や『日本書紀』に初代天皇として描かれる神武天皇です。

実在するという意見があり、私はそれを信じたいです。建国にあたって示された国づくりのビジョンに、私は日本のリーダーのあり方の源流を見る気がいたします。辿り着かれた奈良・橿原の地に都をつくることを決意された神武天皇は、こう呼びかけたと言われます。「このうえは、天照大神のお心に添うように、大和の国のいしずえをしっかりしたものにするように、お互いに豊かな心を養いましょう。人々がみな幸せに仲良く暮らせるように努めましょう」。

「私」の国ではなく「私たち」の国を「私たち」の手で良くしていこう。日本人特有のWEの精神は、建国当時から掲げられ、今に受け継がれているのですね。

日々に新たに

私が人生の指針としている本がいくつかあります。

『大学』『礼記』そして『言志四録』です。

本書の「はじめに」でもお伝えしましたが、『大学』の中に「日々に新たに」という言葉があります。善政を行った中国古代の殷王朝を開いたとされる湯王《とうおう》が、毎日使う洗面盤に「苟日新、日日新、又日新」（まことに日に新たに、日々に新たに、又日に新たなり）と彫り込み、自戒としたとされる言葉です。今日は昨日のままであってはならない、そして明日は今日のままであってもならない。人は日々新しい自分に出会い、成長していける――。

人生は今までの積み重ねではなく、今を生きる。日々、新しく生まれ変わる。慣れ親しんだ甘えた生き方でなく、自分と闘い、自分を破れ――。モリモリと元気が出てくる言葉ですね。

武士道

かつて五千円札の肖像だった新渡戸稲造は、国際連合（国連）の前身である国際連盟の事務局次長も務めた国際人でした。あるとき、ベルギーの法学者から「日本には宗教教育がないのに、どうやって子孫に道徳を伝えているのか」と尋ねられた新渡戸は、この問いの答えとして『武士道』という本を英文で書き上げました。

武士道というと、武士のための道徳と思われがちですが、新渡戸は日本人の道徳の体系であるとし、その基本要素として「義」「勇」「仁」「礼」「誠」「名誉」「忠義」を挙げています。中でも西洋の思想哲学との違いとして、日本では「恥を知る」がよい道徳の土壌であると喝破《かっぱ》された点に、私は新渡戸の凄さを感じます。

日本の先人は、自分の中の陰の部分を直視せず、その痛みを感じ取ろうとしない人を「恥知らず」と呼びました。罪や罰の意識から人々に道徳的な振る舞いを求める西洋と違い、日本人は「恥ずかしいことはしたくない」という良心への痛み、つまり内なる動機から道徳を実行する。日本が世界に誇る精神文化ではないでしょうか。

武士道と聞くと、この言葉を思い出す方もいらっしゃるでしょう。

「武士道とは死ぬことと見つけたり」

これは江戸時代の佐賀藩士、山本常朝の『葉隠』にある一節です。『葉隠』は男性に好まれて読まれてはいたものの、私はなかなか手に取る気持ちになれませんでした。

名誉、忠義を果たすために死ぬことを厭《いと》わない。自分の命よりも大切なものに命を懸ける――。これが理解できなかったからです。

しかしあるとき、鈴木大拙『禅と日本文化』の第三章「禅と武士」を読んで、ここに一筋の光明を見つけることができました。「葉隠」、それは文字通り「葉の陰に隠れる」との意味で、わが身を誇示せず、世間の眼から遠ざかって社会同胞のために深情を尽くすのが武士の徳のひとつだ、ということなのだと。

つまり、死ぬことを称賛しているのではなく、自分が覚悟したことに今、全力を尽くす、一所懸命に生きることを説いているのです。

これは「謙譲の美徳」という精神文化に通じます。武士は偉ぶらず、武勇を誇らず、人を先に考え、下座に立つ――。徳の道を追求するうえで新たな気づきを得ることができました。

また、この『葉隠』に、私は「死生観」の大切さを教えられました。

死ぬことなんて考えたくない。そうは思っても人間誰しもいつかは死を迎えます。どう死ぬかを考えるということ。それは裏返せば、自分以外の何ものかのために生きること。それが死生観です。

偉人と言われる人は皆、死生観を身につけていたと思います。人類の平和、幸福、発展、道義のために自分の命を燃やして生きたのです。

自分の幸せのために生きる次元から、自分以外のために生きる次元へ。自分の存在が他人の役に立ち、世の中の役に立つように生きる。偉人と呼ばれる人は、こうした次元の死生観を持っていたのでしょう。死生観は、当然ながら自分を律することにつながります。

汚れた心で死にたくない。清らかな善い心で死のう。

死生観から先人が何を大事に生きてきたのか。日本人がどう徳を積んできたかを知ることができます。「死んでも魂は生きる」のです。

第4章

ワンランク上の
自分磨きとは

陰徳の本質は「葛藤を受け容れる」こと

ここまで日本人の道徳心、人間力の源である「自己を慎み」「内面を掘り下げる」といった陰徳や精神文化について、事例を交えながらみてきました。ここからは「陰徳」を現代にどう実践していくかを語ってまいります。キーワードは葛藤です。

まるで植物のツルが複雑に絡んで解けなくなるかのように、相反する思いがせめぎ合い、いずれを取るか迷うことを「葛藤」といいます。

「そうしたほうがいいと頭ではわかっているけど、行動できない自分にイライラする」「やりたい、やろうと心に決めたはずなのに、言い訳ばかりしてやらない自分が嫌」「勇気を出してやってみたけれど思うようにいかない。なぜだろう」「喜んでもらえない。感謝してもらえない」「迷惑がられた」

こういう思いに駆られたことは、誰しもあるのではないでしょうか？

「ありたい自分」の理想と乖離《かいり》した現実の自分。できれば直視しないで済ませたい。

それは本当の自分ではないと否定したい。そう思うのは、あなただけではありません。私も同じです。

さらに、葛藤したのに失敗した、結果につながらなかったというケースも数多くあります。自分の内面、心の奥底を掘り下げていくという作業は時間を要します。よく生きるとは、よい習慣をつくること。よい習慣をつくるには、それをやらないと違和感を覚えるというくらい繰り返してクセづけをする、続けることが必要です。

ここでは私が「葛藤を受け容れる習慣」をつくろうと決意する、そのきっかけの一つとなった失敗経験をご紹介します。

それは、十年ほど前の私が独立して会社を起こしたころの出来事です。新会社のメイン事業は講演や企業向けの研修でした。ご依頼が増えるにつれ、私一人では細かな事務など、バックヤード業務をこなすのが難しくなってきます。そこで、紹介のあった三十代の男性Bさんを社員として雇用し、一緒に働くようになりました。

会社とはいえ、創業間もない数名の小所帯です。大企業のように組織構造や分業体制が明確ではありませんでした。とにかく期限の迫った目の前の仕事を、どんどんこなさなければいけない状態です。

Bさんは事務能力に長《た》け、真面目できっちりとした人物でした。どちらかといえば大雑把な私を補ってくれる存在として、私は彼に期待し、彼もそれに応えようと精一杯努力してくれていたように思います。

崩れ始めた信頼関係

滑り出しは良かったものの、日が経つにつれ、彼との関係がギクシャクし始めました。Bさんはきっちりしていますから、業務上優先すべきことを順序立て、確実にこなしていきます。確かにその通りにやれば効率はいいと理解はしつつも、私はつい自分の興味があることを優先してしまうところがありました。

「これ、やっておいてくださいね」

Bさんが良かれと思って言ってくれたのに、私がやらない、やれないことが増えていったのです。一方の私は、彼に過剰な期待を寄せ、「もっと空気を読んでフォローしてくれたらいいのに」と不満を募らせることが増えていきました。

そうなると、どんどん信頼関係が崩れていきます。

「申し訳ないんだけど、ここまでやってね」とか「お手数ですが」という言葉は添えていても、内心は〝これくらい気を利かせてやってくれたらいいのに〟という毒でいっぱいです。いくら言葉で繕ってはいても隠し切れない心が、ちょっとした所作や表情に表れていたのかもしれません。

今思えば、もっと私自身が自分と向き合い、葛藤を受け容れていたら、結果は違ったのでしょう。でも、当時の私は未熟で「なんで、私の気持ちがわからないの？　わかってほしい」。そんな自分優先の「我」でいっぱいでした。

一緒に働くようになって一年が経とうとするころ、Bさんのほうから「辞めさせてほしい」と申し出がありました。ここまで一緒にやってきたのですが、私自身もそのときはこの人とは続けられないと思うようになっていました。そして、残念ながら違う道を歩くことになりました。

Bさんを失って初めて、彼の貢献の大きさに気づきました。一緒に働いているときは、私の苦手なことを「やらせる」対象としか見ることができていなかったようです。やってくれることが「当たり前」になっていました。

講演や研修では「相手を慮れる人になりましょう」「『私は』と言わないようにしましょう」と話しているにもかかわらず、うわべだけの自分。

「ここまでやってくれたなら、今度は私がここまでやるよ」

なぜ、そう言えなかったのか。お互いが助け合って良いものをつくるのが理想とわかっていながら、そうできなかった自分……。

「どう？　大丈夫？」「何かあったら言ってね」

形ばかり、そんな言葉だけはかけていました。陽徳はやっているからなんとかなるんだ。私は悪くない……。そんな思いがあったのかもしれません。せっかく同じ道を歩むことを決意してくれた人を活かすことができず、成長させてあげることもできず、申し訳なかったと思っています。「ありがとうの反対は、あたりまえ」です。

捨てないと受け容れられない

私が「自分を変える」必要性に気づいたいきさつは、先にお伝えしたとおりで、独立間もないころの失敗経験がきっかけでした。私にはトップとして人を育て、人を動かすマネジメントの能力が足りていない。そう自覚し、変革のプロフェッショナルとして実績を挙げていたSさんに頼み込み、師と仰ぐようになりました。

Sさんは、どんな人にも無限の可能性があると本気で信じています。やりたいことにチャレンジさせてその人の可能性を最大化するために、本気で相手と関わるのです。

「三枝さん、あなたはどうなりたいの？」

最初にそう問われたとき、私は言葉に詰まりました。突き詰めて考えたことのない問いだったからです。その場しのぎの曖昧《あいまい》なことを言ったところで、Sさんの「洞察」は終わりません。私の口から出てくるのは、「こうやって頑張ってきた」「こうやって成功（だと思って）してきた」ということばかり。そこで初めて、「自分の本当のあるべき姿」が明確に描けていないことに気づかされたのです。

認めたくない現実でした。

志が明確でない人が気力を溢れさせ、一所懸命に生きられるわけがありません。正直、苦しかったです。

自分一人で抱えていたら、乗り越えることはできなかったでしょう。安易な道にきっと逆戻りしていたと思います。それまで仕事ではほぼ、嬉し涙しか流してこなかった私です。言われたこともないような厳しい言葉に反応し、涙を流し続けました。辛辣《しんらつ》すぎて憎むこともありました。「こんなやり方おかしい」と逃げ出したことも何度もあります。しかし今思うと、この「憤慨」が「発憤」の引き金となったようです。またSさんは「あなたなら、ここまでできるはず」と、私以上に私を信じ続けてくれたのです。

人間には誰にでも「我」があります。自分自身を信じ、期待し、大切にし続けなければ、自分の弱さに克ち続けることはできないでしょう。

自分を大切にするとは、自分を甘やかすことではありません。ダメな部分、毒々しい部分をごまかさずに受け容れる、認めたうえで「もしかしたら私も変われるのかも」と自己を信頼することです。

自分を受け容れるには、まず、今までの固定観念をかなぐり捨てることです。捨てなければ受け容れるスペースは生まれず、何も入ってきません。反発していると、かつての私のようにムダな時間、ムダな労力を使い、人生の時間を空費してしまいます。

私は数年の遠回りをしました。

今は受け容れるほうが楽だったと実感しています。葛藤から逃げて自分をごまかして生きるのなら、スッと受け容れて何か行動に移したほうがいい。そう思うようになりました。しかし、わかるのと行うのは大違い。実際には、できなくてもいいから、行動に移さなければ何も変わりません。

「わかる」と「行う」の差を埋める

徳の道は「知行合一《ちこうごういつ》」と言われます。言葉で聴き知識として理解しても、実際に行動に移さなければ知らないことと同じ、という意味です。知識としてわかったとしても、それを実行しなければ現実は変わらず、人間力も高まりません。

十年前の私がまさに、その状態でした。できていないのに「できている」と自分に言い聞かせて、見たくない自分の現実から目を背けていたように思います。

これまで『空の上で本当にあった心温まる物語』（あさ出版）などの著作を通して、私がお伝えしてきた感動のエピソードはすべて嘘偽りなく、私自身が実践、見聞きしたリアルな経験です。多くの人が感動してくださいました。同じようにしてみようと、真似してくださったサービス業の方もたくさんいらっしゃいました。今、思い出しても胸がいっぱいになります。

しかし今、自分を振り返ると葛藤を覚えます。人に喜んでもらえてよかった、笑顔を見ることができてよかった。その幸せ気分を味わうのはよいにしても、もし思うように喜んでもらえなかったとき、自分はどのように振る舞えたのだろう。望むような結果が得られないときに、どう思うのかと考えると、葛藤が生まれるのです。

「どんなときでもできているのか」。そう自身の心に問いかけてみると、「はい」と言い切れない自分がいることがわかったのです。しかし、頭ではわかっていても、踏み出す勇気や気力が足りない。

「やったほうがよさそう。でも……」

こんなダメな自分を認めるのには、勇気がいります。それをこうして活字にし、世間の皆さまに赤裸々にお伝えするのは、もっと勇気がいります。

ご期待くださった方々をガッカリさせてしまうのでは……。いっそ、こんな恥ずかしい話をするのはやめて「できている自分」だけ見せたらよいのではないか？

この本を書く間にも、小さな葛藤が何度も押し寄せてきました。

一方で今は、そんな葛藤の舞台上にいる自分を、まるで客席から眺めるように「フフ」と微笑ましく見つめている私もいます。

「すべての葛藤を受け容れる」

そう心に決めた日から、私にとって葛藤は避けるものではなく、自分が磨かれるための新たな日常のひとつとなりました。

葛藤を受け容れる、なんて言うと、歯を食いしばって耐えているようなイメージを抱く方がいらっしゃるかもしれません。もちろん、長い間フタをしていた自分の毒、心の泥のようなものを直視するのですから「思い切り」は必要です。でも、苦行のような辛さは、必要ありません。

まずは「受け容れる」と決めること。そうすれば、おのずと歩み出す勇気が出てくるものです。今、私の心は春のように朗らかで、夏のように燃えています。

「自分自身に正対する時間を持つ」

葛藤してこそ人間

犬、猫、馬、豚……。すべての動物は、食べることの欲、寝ることの欲、子孫を残す欲、そういう動物本来の欲だけで生きています。

人間はそうであってはなりませんよね。衣食住のみに生きるにあらず。己の欲のままに生きることも、人間として自分を戒め、律していかねばなりません。自分のエゴ、我を上手にコントロールし、社会に貢献して、社会から必要とされ、人と共に生きていく。そうしたい、そうしようともがくのが人間だと思うのです。

我をコントロールする中で、自己矛盾を抱え、葛藤するのも人間であればこそ。恥を知り、人を敬う心は、動物にはないものです。


元来、人間は不完全な生き物です。

「生きる」ことは自分の内なる課題と闘うことであり、人は誰しも外部からの障害や摩擦と折り合いをつけて生きているのです。

投げ出したい、逃げ出したい、直面したくない。それらのネガティブな要因をいかに受け止めていくか。善行を積んでは「偽善ではなかったのか」と思い、他人の自己犠牲の姿を見ては「自分にはできない」と内省《ないせい》する。求める自分と現在のあるがままの自分の差に苦しみながら、一歩一歩、「善いこと」を実践できる人間になっていく。

すんなり積める善行ではなく、葛藤しながら迷いながら少しずつ積んでいく。実践してからも、さらにもっとできなかったか、なぜ思うようにいかなかったかを振り返り、自分と闘わなければ、人間らしい道とは言えないでしょう。私たちの祖先もきっと、同じように葛藤してきたに違いありません。

他人の評価を気にせず行動に移したタスクフォース

コンサルティングに入ったある企業でのことです。

創業から会社のために必死に頑張っていらした副社長は五十代。彼を中心とした新しいプロジェクトに、有望な若手社員が集められていました。彼らは、プロジェクトを遂行するタスクフォースと呼んでいました。

ある日のミーティングで、タスクフォースの一人であるAさんが、副社長に勇気をもって意見をぶつけました。

「その考え方はどうもおかしいです。このままでは、プロジェクト自体がダメになってしまうと思います」

顔を真っ赤にして訴える彼からは、プロジェクトに対する真剣な思い、この進言をするまでにたいへんな勇気が必要だったことが伝わってきました。

立場も年齢もはるかに上であり、強いリーダーシップを発揮している副社長に若手社員はどうしても遠慮してしまいます。しかし、そんな状況はプロジェクトのためにも、会社のためにもならない。そう私は日ごろから個々にコーチングしていました。自分自身と対峙しようとするAさんの様子を見守っていたところ、副社長から信じられない言葉が飛び出してきたのです。

「おまえ、誰にものを言っているんだ。調子に乗るんじゃない！」

Aさんのせっかくの提言も空しく、ミーティングはお開きになりました。

それどころか、その後、副社長はAさんと目を合わせなくなりました。さらに仕事を与えなくなるなど、関係が悪化していったのです。

私は副社長に、「誰にものを言っているんだとおっしゃいましたね。副社長、あなたは誰なのでしょう？　彼にとって何でしょうか？　会社にとってどういう存在なのでしょうか？　あらためて一緒に考えませんか」と、問いかけました。しかし、強制力はありません。この企業に出向くのは、月に二回。本人の気づきと修正力に期待しつつ、さらに半月が経ちました。

私が心配していたのは、副社長よりもAさんのほうでした。仕事に対する熱意を失っていないか、腐ってしまっていないか。プロジェクトメンバーから抜けてしまっていてもおかしくはありません。辞めてしまわないだろうか……。

しかし、その心配は杞憂《きゆう》に終わりました。

Aさんは変わらず、仕事を続けていました。それどころか、プロジェクトが進むにつれ、全員の仕事が効率よく進むよう、ひとり残って準備をするようになっていました。仕事の生産性や品質を上げるにはバックヤードの働きが必要不可欠です。バックヤードが効率よくなるよう、夜遅くまで残って、翌朝の朝食当番がサービスに集中できるように器を用意しておいたり、さまざまな工夫をしていました。

朝、出社した人は準備ができているのでびっくり。余裕をもってサービスに集中することができるようになりました。Aさんは、陰ながら仲間のために動くことができる人となっていたのです。自分の内面と向き合った結果でしょう。まさに陰徳です。

さらに、驚いたことがありました。

「Aさんをリーダーに抜擢しようと思う」

副社長がそう宣言したのです。Aさんの陰ながらの働きを見ていたようで、それ以降、耳の痛い指摘にも高圧的な態度に出ることも少なくなりました。二人の変化を目の当たりにした他のメンバー、特に若手社員が積極的に発言するようになり、プロジェクトは推進力を増していきました。

Aさんは、副社長を見返そうと思って行動したのではありません。目をつけられて、思うように動きづらくはなったけれど、チーム全体のために自分にできることはないかを考えた末の行動でした。

強いリーダーシップや言葉ではなく、人知れず重ねた善行が、人を、チームを変えていく。陰徳に秘められた力の大きさを見せられた出来事でした。

一燈を提げ、生徒たちを照らした恩師

私の周囲の徳のある方は？

この本を書くにあたり、改めて考えてみました。お名前やお顔がたくさん浮かびま

したが、今の私につながる大切な方を一人ご紹介します。

それは、私が小学六年生のときの担任の先生です。当時の私は、真っ黒に日焼けした、どちらかというとお調子者で活発ないたずらっ子でした。

ある日の休み時間。先生は、どういうわけか、教室の入り口をふさぐように、斜めにもたれかかっていました。先生の後ろに、ちょうど私が通れそうなくらいの三角形の隙間ができていました。「通れるかな」。試したくなった私は何も言わずにそっと通り抜け、席に座りました。クラスのみんなは先生の前を通って教室に入ったのです。

授業が始まると、先生が「皆さん、この中でとても礼儀正しい人がいます。それは理枝子ちゃんです」と言われました。私のことです。

「年上の人、目上の人の前を通るときは、会釈をするか、後ろを通るのが礼儀正しい人です。理枝子ちゃんだけがそれをやりました」

小さないたずらを、思いがけずほめられてしまったのです。

「そんなこと、考えてもいませんでした」と言い出す勇気はありませんでした。

そんな先生の勘違い。でも褒められたことがきっかけで、礼儀とは、ほかにどんなことをしなければならないのかを、自分から調べるようになりました。

靴をそろえる、自分からあいさつをする、道をゆずる……。今、不思議にもマナーや礼儀作法を教える仕事についている私は、もしかすると、その先生の勘違いから縁が生まれたのかもしれないと感じています。

残念ながらその先生は、私が高校生のとき、病気でお亡くなりになりました。葬儀に参列させていただくと、先生の人望をあらわすように、教え子がたくさん集まっていました。

「妹は教師として早く亡くなってしまいましたが、皆さんのような生徒と知り合えて幸せだったと思います。妹は、受け持った生徒たち一人ひとりの特徴をノートに書き連ねていました」

先生のお姉様がそうおっしゃって、百冊以上のノートを出されました。

それを見たとき、「あぁ、先生はあのとき、本当は私のいたずらだとわかっていらっしゃったのでは」と思いました。褒めることで、お調子者でいたずらっ子の私が良い方向へと変わるきっかけを与えてくださったのでは……。涙が溢れました。

「何々しなさい」と押しつけるのではなく、生徒一人ひとりの良いところを見て、悪いところも受け容れ、寄り添い、自分で気づかせるような促しや配慮をしてくださっていたのでは、と思い当たりました。

今、私自身がCSコンサルタントとして人を育てることに携わるようになり、先生と同じように、クライアントに自ら気づいてもらうためにはどう声を掛けたらよいか、促したらよいか、試行錯誤していることと重ね合わせると、「やはりそうだったのか」とあらためて気づきました。

先生が褒めてくださったことで、小学生だった私でさえも、自ら調べたり、探求する気持ちにさせてくれました。先生は、教師として人間として、自分の使命を全うされた本当に徳のある方だったと実感しています。

まずは今の自分に集中することから

変化の速い毎日。あっという間にすぎていく時間。「やらなきゃ」「こうしよう」。

そう思い描いていても、葛藤して前にも後ろにも進めない、答えが出せない。そんな経験が、誰しもあるのではないでしょうか。

そんなときは、まず日常をありのまま「受け容れる」ことから始めてみましょう。なぜ、そうすることが必要かというと、それが「人間力」につながるからです。

あなたがこれまで出会った人の中で「人間力が高いな」と思える人というと、どんな方でしょうか？　いろんな答えがあると思います。共通するのは、自分の善い部分、醜い部分、そして人や自分を取り巻く環境など。すべてを包容できる器の大きさ、つまり「受け容れる力」ではないかと私は考えます。

人間力の高い人は、常に「感謝」を口にします。なぜそうできるかといえば、自分が周りの人によって生かされているという現実を受け容れているからでしょう。そうでなければ、感謝の心は生まれません。

人間力の高い人は、素直に他者を敬うことができます。なぜそうできるかといえば、自分より相手のほうが優れていることを素直に受け容れるからでしょう。そうでなければ尊敬の念を抱くことはできません。

人間力を高める基本は「受け容れる」ことにあるのです。

では何を「受け容れる」のか。難しく考える必要はありません。目の前に起きている事象です。自分の人生そのものです。特に、自分自身が今、何をしているのか、自分に集中してみましょう。今、本を読んでいらっしゃいますよね。文章を目で追っている。本を手に持っている。ページを右手でめくろうとしている……。判断や解釈をいれず、今の自分の感覚に注意を向けるのです。

こうして説明しますと、特殊なことをやっているように思われるかもしれません。シンプルに言えば「自分の心の中を静かに観察する」習慣であり、これは偉人と呼ばれる人々が共通して行っていた習慣でもあります。

偉人の習慣は「早起き」「散歩」「瞑想」「日記」の四つといわれています。

例えば、早起きして散歩を楽しむ。

日本には美しい四季があります。季節の草花を楽しみ、空を見上げて雲に話しかけてみるのもいいですね。四つの習慣は、どれも静けさを楽しむ習慣です。大自然と調和し、沈黙を楽しむことは心の波立ちを治めます。大自然との対話が、自分自身との対話につながるのです。

「学ぶ」とは「真似ぶ」ことだと言われます。何か新しい習慣を身につけるときは、まず真似てみるのが早道です。とはいえ、最初から「早起き」も「散歩」も「瞑想」「日記」も、あれもこれも一度にやろうと欲張るのはおすすめしません。

人間の脳には、安全で心地よい「いつもどおり」を維持しようという傾向があると言われます。一度に複数の習慣を始めようと張り切りすぎて「がんばったけど、できなかった」「私には無理なのかも」というネガティブ感情を貯めてしまうと、心が前を向けなくなります。習慣は「クセづけ」がポイントです。まずは一つに絞って始めてみましょう。

「そう来ましたか」で受け止める

想定外のことが起きても、「そう来ましたか」と受け止める。そうすることで動じなくなります。困難を跳ね返す強さというより、竹のような〝しなやかさ〟といったほうが近いかもしれません。雪が降り積もれば竹は重みでしなります。しなるけれどもポキンとは折れず、雪が解ければまた、元の姿に戻る。そんなイメージでしょうか。

家庭にしろ、ビジネスにしろ、自分の想定通りにいかないことや、経験したことのない事態に直面することは多々あります。とりわけコロナ禍の影響で、従来の生活様式や働き方、コミュニケーションのあり方まで、大きく変化しました。すべてに完璧に備えられたら理想ですが、そうもいきません。

人生はおもしろい。自然の恩恵、人とのご縁、そして仕事との出会い。

困難や試練にぶつかったとき、うろたえるのではなく、「そう来ましたか！」と楽観的に現実を受け容れてみましょう。「自分を磨くチャンスが巡ってきた」。そう受け止めるのです。〝悲観的に準備して楽観的に対処せよ〟と言われますが、私の場合は、まず楽観的に受け止め、それから悲観的に準備していくことが多いように思います。

困難は磨き草。だからこそ、人間は磨かれる、のでしたね。

次の章では人間力を高める具体的な実践法をお伝えします。

第5章

実践編①
人間力を高めるセルフワーク

人間力を高める「習慣」の力

ここからは日常で取り組める「人間力」を高めるための具体的な実践方法を見てまいりましょう。

人間力とは「人間」が変わることによって高まる力です。人間は心の持ち方を変えることによって行動を変え、行動を変えることによって「習慣」を変えていくことができます。人間力を高める一番の方法は「良い習慣」を身につけること。そのためにはまず、自分の心の状態を観察し、整える方法を身につけることが近道です。

皆さんは日々、自分を見つめる時間をとれていますか?

やらなければいけないことに追われて、あっという間に時間が過ぎ、「ああ、今日もやりたいことができなかった……」と自己嫌悪に陥ってしまう。以前の私は、そんなことの繰り返しでした。

仕事も家事も効率やスピードが求められる今、心の渇きに悩む人が増えています。

体内の水分が不足して喉が渇くように、心の充足感がなくなって渇くのです。

「褒められたい」「認められたい」「あなたが必要だと言われたい」。渇きを満たしたくて、他人の称賛、反応を求めても、すべて自分の思うようにはいきません。むしろ、他人にそうしてもらえないもどかしさで、自分の心がますます不安定になりがちです。

大切なのは、「自分で自分を認めること」。そうすれば心のバランスを崩すことはありません。朝、起きたとき、夜寝る前に、もう一人の自分が「今日はどんな心持ちで一日を過ごそうか」「今日はどんな心持ちで一日を過ごせたかな?」と問いかける、そんな時間を持ってみましょう。

そこでご紹介するのが、私が朝晩に実践している二つのセルフワークです。

まずは、自分を整える「茶禅瞑想」から見ていきましょう。

毎朝五分のかんたん習慣「茶禅瞑想」

茶禅瞑想とは、茶道と瞑想をかけ合わせ、現代人が内面を深掘りする一助として、私が考案したセルフワークです。深く呼吸し、一杯のお茶を感謝とともにいただく。ありたい自分を想像し、そうなれた（現実にはまだなれていなくても）自分に感謝する。五分くらいで心が整うのを実感でき、見える世界が変わってきます。

詳しい手順としては「内観」「創造」「調和」の三つのステップです。

一つ目のステップは、今の自分を見つめる「内観」の時間です。

心の声に耳を傾け、自分の意識・動作を注視し客観視してみましょう。

二つ目のステップは、自分がありたい姿、そして、それを実現している姿を「創造」する時間です。沈黙をして深く呼吸をし、耳に聞こえてくる自然の音や風を穏やかに受け容れてみましょう。目を閉じて「ありがとうございます」と声に出して、誰かの幸せを祈る。心の中を笑顔で満たします。感謝の気持ちとその喜びが味わえます。

最後のステップは、自分で点てたお茶を飲み、体の中に流れていく感覚を通じながら、創造した自分の姿や感じた喜びを自分の体に「調和」させる時間です。

具体的なやり方については、一一六〜一一七頁を参考にしてみてください。慣れてくれば、五分あれば、三つのステップがひと通りできるようになります。

この茶禅瞑想を習慣づけると「できなかった」自分を否定的に解釈することなく、「できている」自分のポジティブな状態を感覚として味わえるようになります。

心と体は深くつながり合っています。

やる気が出なかったり、悩んだときこそ、自分の「今」の行動に集中し、呼吸を深くし、どんな動きをしているのか。実況中継するように観察することで、心と体が「今」に一致し始め、次第に心が落ち着いてきます。

「今」に集中することは、今を生きることにもつながります。過去や未来を憂えて心配しても私たちは「今」に生きています。今を大事に、あるがままを見つめること、自分の行動を直視する、見ることができれば、課題や葛藤はほとんど解決したも同然です。

意識して深く自己観察することを繰り返しやり続け、習慣化すること。それがものごとをあるがままに感じ、葛藤を受け容れる第一歩です。毎日、朝からお茶を点てるのは難しいでしょうから、瞑想だけをする、お茶の代わりにあたたかい紅茶やコーヒー、あるいは水を飲むなど、できることから始めてみてはいかがでしょうか。

か）を具体的に想像する。そのとき、周りにはどんな人がいるのか？ どんな声が聞こえるのか？ 自分はどんな表情をしているのか？ ありたい姿になった状態を想像する。

②自分への感謝と喜びを愛で包む。

4. 調和する

①正面を現在、左が過去、右が未来とイメージし、胸の前で合掌した手を、左に動かし過去を、次に正面に戻し現在を、そして右に動かし未来を、また正面に戻し、時空と調和していく。

②両手で、丹田、みぞおち、頭頂部に手を当て、エネルギーを感じながら、心、身体、魂と調和していく。

5. お茶を点て、飲む ※コーヒー、白湯でも可

①お茶碗をお湯で温め、自分の心の汚れも取り去る気持ちで布巾で清める。お茶を点てる一連の動作を丁寧に認識する。

②ありたい自分の姿を、目を閉じて思い浮かべる。

③感謝と喜びの気持ちでお茶碗を持つ。

④「ありがとうございます。私は幸せ者です。自らに一燈を点じ世の中を明るくします」と言い、お茶を頂く。

⑤大きく一呼吸し、大いなる感謝の心と喜びを一杯にする。

⑥「終了の礼」 深く頭を垂れる。

How to 茶禅瞑想

1．呼吸に集中し、心を整える

①「開始の礼」　深く頭を垂れる。

②上半身（肩、首、腕）を揺らしてリラックスし、緊張をほぐす。

③背筋を伸ばし、姿勢を整えて、膝に手のひらを上にして置く。

④目を閉じ、全ての意識を呼吸に集中して、心を落ち着かせる。

⑤丹田※を意識し、口から息を深くゆっくり吐き（6秒）、お腹がへこむのを感じる。鼻から息をゆっくり吸い込み（6秒）、お腹が膨らむのを感じる。これを3回繰り返す。

※丹田は臍下9センチ辺り

⑥鼻から息を吐き、不安も吐き出すようなつもりで「吐いてる、吐いてる……」と心で唱える。息を吸うときはエネルギーを取り込むつもりで「吸ってる、吸ってる……」と心で唱える。
（丹田呼吸３回繰り返す）

⑦右手、左手と順番にゆっくり肩の高さまで広げ、すべてを受け容れる。

⑧手を元に戻す。

2．内観する

①自分はなぜこの世に生を受けたのか？ 何をなすべきなのか？ 今注力すべきことは何か？ 静かに内なる自分に問いかける。
（丹田呼吸は続けたまま）

②最初はなかなか思い浮かばないので、少し時間をかける。

3．創造する

①斜め上を見るように頭を上げ、ありたい姿（自分がどうあるべき

寝る前一分間の「あおいかわ」

毎朝五分の「茶禅瞑想」でスタートした一日。その一日の締めくくりにもう一つ、私が欠かさず習慣にしていることがあります。

それは「あおいかわ」を流すこと。聞きなれないのも無理はありません。私の造語です。

次の「あ」「お」「い」「か」「わ」の一語ずつを自らに問いかけながら、一日を振り返っています。

「あ」 愛をもって、自分や人に接することができたか。
「お」 慮ることはできたか。人にだけではなく自分にも。
「い」 祈る。自分と人の人生が幸せであるように祈れたか。
「か」 感謝。自分に、命と役割が与えられたことに感謝できたか。

「わ」笑う。ここまで愛、慮る、祈る、感謝する、と固かったので、最後は「はは」と笑う。人は明るいに越したことはありませんから、夜寝る前には「楽しかった」と終わりたいものです。

この五つの頭文字からなる「あおいかわ」を実際の川に例え、今日一日「自分に」「人に」「世の中に」対して流すことができたか、と振り返る。そして「さあ、明日もあおいかわを流そう」と眠りにつくことにしています。

慣れてくると一語十秒で、一分もかかりません。私は夜寝る前のルーティンにしていますが、朝でもよいと思います。

寝る前にやるときの注意点は、一つ一つを深く考えすぎないこと。眠れなくなってしまいますから。長くても二分くらいで終えるようにしましょう。

また個人だけでなく、職場や企業単位での実践もおすすめです。

私がCOOを務めるパッションジャパン株式会社の毎週末のミーティングでも、全員で「あおいかわ」を問いかけ、一週間を振り返るようにしています。

人間力を高めるためには、毎日わずかでも、自分と向き合う時間を持つことが重要です。自分を受け容れることができなければ、相手を受け容れることはできません。上流は常に自分と心得て、「あおいかわ」を流せる日を少しずつ増やしていきましょう。

そうするうちにおのずと、周囲との人間関係がスムーズになっていくはずです。

次の第六章では、人間力を高める習慣づくりの一助として、一か月分の実践のヒントを一日一話形式でまとめました。誰もが抱える人生の問題、人間関係のさまざまな悩みを「人間力」の観点からどう受け止め、どう解決していくことができるか。三分間で目を通せるコンパクトな分量ですので、「茶禅瞑想」「あおいかわ」と併せて、お仕事を始める前や就寝前の習慣づくりにお役立ていただければ有難いです。

第6章

実践編②
まいにち自分磨き31

1日目

あいさつ上手の四つのポイント

あいさつは、人間関係を築いていくうえで、最も大切な一歩です。

〝初頭効果〟という言葉があります。第一声の声かけ、お辞儀一つで、その人の印象が決まってしまうということです。

そうは言っても、日常のあいさつにそこまで注意を払えない、と思う方も多いでしょう。すべて完璧にやろうと構えすぎると、心が疲れてしまいます。まずは四つのポイントを意識してみてください。

① 自分から先に

相手から声をかけられる前にこちらからあいさつをする。一流と言われる人は自分からあいさつをします。

② 明るく大きな声で元気よく

明るいあいさつは周りに伝播します。第一声は「ソ」の音階で発声すると、明るくさわやかな印象になります。少し口角を上げて、相手の目を見て、を心がけましょう。

③ プラスアルファの言葉を

「おはようございます」の後に「今日も笑顔がいいですね」「ブルーがお似合いですね」など、ひと言添えると、相手との距離がグッと縮まります。

④ 相手の幸せを祈る

言葉だけのあいさつは相手にわかってしまうもの。「いつもありがとう」という感謝とともに〈今日もいい一日でありますように〉〈お幸せに〉と、心の中で相手の幸せを祈ってみてください。あいさつが丁寧になり、自分の心も豊かになります。

心を添えたあいさつは、必ず相手の心に響きます。あ（明るく）、い（いつも）、さ（先に）、つ（続けてひと言）の四つをまずは心がけましょう。

2日目 ご近所づきあいの秘訣

皆さんは、ご近所の方に、会釈を含め、あいさつを交わしていますか?

昨今は個人情報保護や防犯意識の高まりで、ご近所と気軽にあいさつを交わしにくくなったという声もお聞きします。難しいご時世ですよね。

とはいえ、何も交わさないのも不自然でしょう。例えば、マンションのエレベーターで、扉を開けて待っていてくれた人に「ありがとうございます」。先に降りるときに「お先に」。そんなたった「ひと言」だけ、実践してみませんか。

私が子供のころは、近所の方と出会ったときには必ず「おはよう。今日も暑く（寒く）なりそうね」「行ってらっしゃい。お気をつけて」と、声をかけてもらっていました。子供ながらに面倒だと思ったこともありましたが、気にかけてもらっているという安心感、嬉しさも感じていたものです。そのとき、やわらかい笑顔で「そうですね」「行ってきます」と応えるだけでよいのです。

あいさつプラス声掛けは、ご近所との良好なお付き合いの基本です。これができるだけで信頼が生まれ、互助のご近所付き合いの基礎ができます。

また、見ず知らずの人にもあいさつすることで「この辺りは地域のつながりがしっかりしている」と思われ、空き巣や窃盗などの犯罪を未然に防ぐことにつながります。

距離感の取り方が難しくなってきている昨今、思いやりのひと言がかけられなくなっているどころか、基本のあいさつ自体が希薄になりすぎているきらいがあります。こういうご時世だからこそ、自分から自然とあいさつができる人は魅力があり、存在が輝きます。

まずは自らあいさつ。ほんの少し、勇気を出して実践してみましょう。

ご近所トラブルを避ける基本は、日々のさりげないあいさつと言葉がけ。周囲にも自分の心にも爽やかな風を送り込みましょう。身近な世界が明るくなります。

3日目 苦手なタイプとどう付き合うか

「どうもあの人は好きになれない」

「できれば顔を合わせたくない」

そんな苦手なタイプが身近にいないでしょうか？

人はみな個性が違います。気の合う人、合わない人ができてしまうのは無理もありません。ただ、苦手を通り越して「どうしても許せない相手」が何人もできてしまうのは避けたいところ。そう思い続けること自体、とても苦しいことですから。

そういうときは、まず、相手に向けていた負の感情を、自分に向けてみましょう。

「あの人の嫌なところは、実は自分の嫌なところ。それを見せてくれているんだ」

そう思うと、固まっていた思いが、少しほぐれてきます。人の短所しか見えない人は、なかなか成長しません。

次に、苦手と感じる人の「美点」をさがしてみましょう。

そして顔を合わせたときに、思い切って言葉をかけてみる、「こんにちは」と。その勢いで、ほめ言葉をひと言添えるのです。

「こんにちは、○○さんはいつもよく気が利きますね！」

「こんにちは、○○さんはいつも仕事が早いですね！」

さらに、相手を認める言葉がけに、微笑みを添えて実践してみてください。何か「つながる気持ち」が芽生えてくるはずです。

相手に伝えるだけで、心地良い風が流れてくるでしょう。

苦手な人をつくっているのは自分自身かもしれない。そう考えて、短所より美点に目を向け、それを思い切って口に出してみませんか。さあ、和顔愛語。

4日目 目尻、下がっていますか？

そばにいるだけでなぜか心が温まる、そんな人が身近にいないでしょうか。できれば、自分もそうなりたい。でも、どうすればいいの？

そうなるための一番のポイントは「和顔」です。「目は口ほどに物を言う」というように、笑顔になるためには「目元」がポイントになります。

① 目と心は連動している

目尻を下げてみてください。心が穏やかになりませんか？　顔の表情と心は連動しています。相手に投げかけた優しい目元は瞬時に自分の心を豊かにするものです。

心が波立っているときは、すやすや眠っている赤ちゃんを思い浮かべてみてください。その柔らかい表情は人を和ませ、幸せを配ります。

② 口角を少し上げる

目の次に大切なのが口元です。「ん」と口元を少し上げるだけで表情が豊かになり、気持ちが伝わるようになります。頬の表情筋を鍛える運動を日ごろからしていると自然にできるようになります。

③ アイコンタクトは一秒長く

一瞬の優しい目元では相手の心には届きません。相手を見る際に相手が目を離した後、優しい目元で「一秒」長く相手を見ることを心がけましょう。ほんの少しの思いやりを添えるだけで余韻が残り、心に余裕ができます。

「愛語」は読んで字の如く、相手を思いやった温かい言葉がけのこと。相手にどのような言葉を自分は口にしたのか、いちばん聞いているのは自分の耳です。

顔の表情と心は連動しています。イライラして心が波立つときは、意識して目尻を下げてみましょう。優しい目元につられて、心も優しく穏やかになります。

5日目 自分を主張したくなったら

「エゴが強い」「エゴの塊みたいな人」

そのような人に出会ったことがないでしょうか? 「エゴ」とは「エゴイズム」のこと。「利己主義」と訳されます。

その正体は何でしょうか。エゴは大きく三つに分けられると言われています。

一つ目は、所有物で価値を決めること。他人よりも多くを所有している人こそが、人として優れているというものです。いくら自分が所有しても何かまだ手に入らないものがあれば、そのことで大きなストレスを抱え、イライラが続きます。

二つ目は、成果至上主義。つまり競争に勝つことが一番と思うことです。負けないためには常に争っていなくてはならないので、落ち着かない状態が続きます。

三つ目は、他者の評価を重視すること。「すごいね」と、いかに他人から良く見てもらえるかがとても重要で、素晴らしい人だと思われ続けたいのです。自分ではなく他者が決めることですから気が休まるときがありません。自分がしたいことや良いと思うことよりも「人からどう思われるか」を自分の行動の軸にしてしまう生き方です。自分軸がなく、他者の評価軸で生きている人、たくさんいますよね。

恥ずかしながら私も長い間、良い人と見られるように装ってきました。

よく考えると自分にしか興味・関心がない、レベルの低い人間でした。物に執着し、他人からの評価を気にして、いかに自分が物質的に幸せか、俗にいう成功者とされる、高い水準でいるかということに価値を感じ、優越感、心地良さを感じていたのです。

しかしそれは、「本当の心の豊かさ」ではないと、ある転機から気づき、決意することができました。エゴを満たそうとする人生はやめようと。

自分を主張したくなったら、言い訳したくなったら、ゆっくり静かに深呼吸。まずはここから。一緒に始めてみましょう。

6
日目

上品に断りたいときは

何かお誘いを受けたとき、悪く思われないようにと曖昧な返事をした結果、嫌な思いをした経験が、誰にでもあるのではないでしょうか。かといって、すべてのお誘いを受けるわけにはいきませんよね。

好感を得つつ、上品に断る際のポイントをお伝えします。

① 感謝

初めに「お誘いいただき、ありがとうございます」と必ず感謝の気持ちを伝えましょう。

② 残念に思っていることを伝える

「たいへん残念ですが」「あいにく」などのクッション言葉を使いましょう。「せっかくの○○さんからのお話ですので」と前置きすると、柔らかい印象になります。

③　理由は詳細に伝えない

「先約がありまして」「仕事と重なり」と簡潔に伝えましょう。そもそもこちらを選んでいないから断るのです。詳細に理由を伝えたところで言い訳にしか聞こえません。「行けそうでしたら」などの曖昧な表現も避けるべきです。

④　思いやり語尾を忘れない

「楽しい会になりそうですね」「盛会をお祈りしています」「ぜひ、またお誘いいただけますように」。相手のモチベーションが上がるような、思いやりのある言葉がけをしてください。

なお、こちらがお誘いして断られた際の作法は、器が試されるものです。「いいよ、いいよ」「また今度ね」。そう言えるとすてきですね。相手を慮る心は必ず通じます。

悪く思われたくないと曖昧な断り方をしていませんか？　好感を得つつ、上品に断る作法を実践しましょう。すべては相手への思いやりが基本です。

7日目

自分と違う意見をどう扱いますか？

「この人の考えは自分と全然違う！」

そう感じることが、ないでしょうか？　その場で自己主張してしまうと、衝突が始まります。その際に、不満そうな表情や反論をして心を閉ざしていくと、人間関係を損なう結果となってしまうでしょう。

今はSNSなどの普及により、自分の言いたいことが言えて、聞きたくないことも入ってくる、そんな世界になってきています。この世界でいかに他者と良好なコミュニケーションを取り、調和の世界を築いていくか。とても大切なテーマです。

私たちは「きっと相手もそう思っている」と、自分中心にものごとを考えてしまいがちです。まずは「相手と自分は全然違う存在」ということを理解しましょう。

人は価値観も考え方もそれぞれです。同意見にならないのは当たり前。相手が何を言っているのか、何が言いたいのかを想像しながら静かに受け止めたいものです。

イライラする前に相手の言葉を受け容れ、相手の心に思いを寄せてみる。そのうえで、相手が伝えたいこと、自分の考えとの相違や共通点などを味わっていくと「イライラの原因は相手にある」と向けていた矢印が自分に向いてきます。自分で自分を変えていく、成長できるチャンスが芽生えてきます。

あなたが相手を受け容れれば、相手も自然と心を開き、良好な関係が築かれていく。そこに真心が通い合った関係ができてくるのではないでしょうか。

調和の世界は違いを認め、受け容れることから始まります。

自分にとっての異物を消化することで、人としての昇華が実現できてくる不思議を味わっていきましょう。


「きっと相手もそう思っている」。それは自分中心の考え方です。「相手と自分は全然違う存在」という前提に立ち、異物を受け容れられる自分をつくりましょう。

8 日目

聴き方のコツは「二つ話して、八つ聴く」

欲しい情報はいつでもどこでも手に入る現代。一方で、コミュニケーションを苦手と感じる人が増えています。

自分の関心のない情報にも耳を傾け、人間関係を温める、そんな傾聴のコツをお伝えします。

① じっと我慢

二つ話して、八つ聴く。このバランスを心得ていれば、コミュニケーションは円滑になります。ほとんどの人がしゃべりすぎ。つい、話の途中で口をはさみたくなるものです。じっと我慢をして聴くことから始めてみましょう。

② 真意をくみ取る

「聴」を分解すると「耳」「目」そして「心」。人の話は耳だけでなくて「目」で相手の表情、ジェスチャーを観察しながら、また「心」を動かしながら「本当はこの人は何を言いたのだろう」と言葉になっていない部分があることを意識し、相手を理解しようと努めること。簡単ではありませんが、努力すれば真意もくみ取れるようになります。

③ 感情を共にする

話を聴くと、ついアドバイスしたり、意見をはさみたくなるもの。まずは受け容れましょう。「自分を認めてくれている」「わかってくれている」と感じると、心が開き、親しみを感じます。目を見て「そうなんですね」「いいですね」と相づちを打ちながらの共感を心がけると、人はもっと話したくなるものです。

「でもね」と人の話を遮るような、バランスの悪い相づちは逆効果です。感情を共にして、相手の呼吸に合わせて、心のこもった相づちを打ちましょう。

9日目 プライバシーに踏み込んでくる人には

職場や友人にも、噂好きの人はいますよね。聞きたがり屋、干渉したがり屋、首を突っ込みたがり屋。人との距離感がわからず、興味本位でその場にいない人の悪口を言ったり、無神経にプライベートなことに介入してくる品のない残念な人。

できれば関わりたくないですが、対処の方法を三つご紹介します。

① 話をそらす

あなたが視座を高めて現状を俯瞰《ふかん》し、今、話している話題からつなげて「そういえば……」と、さりげなく別の話に切り替えると、相手の話は終わるはずです。

② 同意しない

目をそらしたり眉をひそめたりして、興味がないことを態度や表情で表す。空気を変えて、その話には興味がないことを示しましょう。噂話や詮索好きの人は相手の気持ちを読み取ることが苦手なので、少しオーバーに表現してもいいでしょう。同意を求められたら、「〇〇さんはそういう気持ちだったのね」と共感しても、相手の意見には同意しないことも大切です。和して同ぜず、です。

③「あなたはどう？」と逆に質問する

答えづらい質問をされたら、「あなたはどう？」と質問を返すことです。相手も答えに詰まり、一歩引くでしょう。自分のプライベートなことは、よほどの信頼関係がない限り話さないことです。

その場にいない人の話は、笑顔で良い噂話に切り替えましょう。人間力の高い人はその場にいない人の悪口は決して言わないものです。

人の悪口を言って後味のよくない思いをしたことはありませんか？　自分の言葉をいちばん聞いているのは自身の耳、心です。語らず、同ぜず、笑顔で切り替えを。

10日目

NOを伝える粋なプロセス

上司、先輩や同僚から頼まれごとがあると、本当は断りたいのについ引き受けてしまう。気乗りしないのに誘われると出かけてしまう――。

このような葛藤をしたこと、ありませんか?

まずは、相手から頼まれごとをしたときの心のプロセスを整理してみましょう。言われた瞬間に、直感での気持ちが表れます。その次にそれを「やるべき」か「やらざるべきか」という判断のプロセスが来ます。そこで、次にその判断をどう伝えるのか、配慮と言葉選びのプロセスです。その葛藤を楽しむことが大切です。「やらない」という判断をした場合の伝え方、ここに粋《いき》が現れます。

日本人は品のある人ほど表現は丁寧で、断るにしてもストレートに「できません」「行けません」「嫌です」といった浅い表現だけで済ませることはしません。相手が不快にならないように、上手に断ってきました。

では、具体的に「NO」を伝える際の粋な心得をお伝えしましょう。

① 頼まれたときの第一声は「ありがとうございます」と、まず感謝の念を伝える。

② 「明日までにやらなければいけないことがあり、このたびは難しいです」と断る理由を明らかにする。

③ 「ご期待に沿えずにたいへん申し訳ありませんが」と、お詫びの言葉が優しくなるような前置きを添えてお断りする。

④ 「○日でしたら対応させていただきますが、いかがでしょうか」と代替案を提示する。

葛藤から相手を思いやる愛は生まれます。まずは心の土壌を耕していきましょう。

人から頼まれごとをしたときこそ、人間力が試されます。「NOと伝えたいけど、どうしよう」。葛藤に向き合う中でこそ、相手を思いやる心が生まれます。

11日目 相手を思う時間を持てていますか？

「○○様いらっしゃいませ。本日は○○様のお好きな△△が入荷しております……」

行きつけのお店でこのように声をかけられたら、どのような気分になるでしょうか。自分の名前を呼ばれたら嬉しくなりますね。

相手の名前を覚えることは、相手に好感を持ってもらう第一歩です。まして以前話した内容や、自分の嗜好まで覚えてくれていたら、思わずその店のファンになってしまうでしょう。

相手の信頼を得るポイントの一つが「相手の情報を覚える」ことです。

相手に関する情報を記憶することは、その人を認め、尊重することにつながります。人は誰しも承認されたいもの。自分が認められたら、ますますやる気が出てくるものです。

人を育成するにあたっても、まずは認めて得意なところ、頑張っているところを、

「いつも頑張っているね」

「さすが、プロですね」

と口にしてあげたら、「この人についていこう」と相手は思うものです。

会って会話し、別れ際に、今日聞いたことを思い出して、思いやりのひと言を口にする。どんな些細なことでも、互いの心が温かくなるものです。

必要なのは記憶力ではなく、「思いやり力」なのです。

名前はもちろんのこと、どんな会話をしたかを思い出す時間をもうけてみましょう。

そういった陰の思いやり力は、きっと相手に伝わります。「思う時間＝伝わる心」といってもよいでしょう。


また会うまでの時間をどう過ごすか。表には見えない「陰の思いやり力」が人間力を高めます。一日の中にその人を思う時間を少しでも増やしていきましょう。

12 日目

自分中心では察することはできません

察することが得意な人とそうでない人の違いはなんでしょうか?

察するのが苦手な人は、自分の見たいもの、聞きたいものしか見ない、聞かない。つまり自分が関心のあるもの以外を無視しています。心を閉ざし、自分にしか関心、興味が持てないのだと思います。逆に察知力のある人は、相手の立場に立ち、視点を変えて考えることができ、豊かな感性と人生を得ることができます。

日本の歴史を動かした人たちにも察知力がありました。

「このままではお寒いだろう」と自分の懐で信長の草履を温めた秀吉。その秀吉に狩りの途中、お茶を振る舞った三成。一杯目は大きな器でぬるいお茶を飲んでいただいて喉を潤し、次に中くらいの器で少し熱いお茶を、最後は小さな器に熱いお茶を入れてゆっくりと味わっていただいたと言われています。

相手の心情を察する素晴らしい気づかいです。

察知力を高めるポイントは観る力とともに、聴く力＝「耳くばり」にあります。相手の言葉と、言葉ならざるものを聴くのです。

「やることはやります！」。この言葉の真意はなんでしょうか？

「やりますが、やり遂げられないかも……」

本気でやり遂げようと思ってはいないですね。

「それもそうですけど……」

本当はどう思っているのか？　言葉の後に続く、声ならざる声「……」を「聴く」ことができるかどうかが大切です。

ゆったりと、相手の心の声を聴きましょう。


自分の見たいもの、聞きたいもの以外は無視。心を閉ざしたままで相手の心を察することはできません。もし相手の立場だったなら？　この問いが出発点です。

13日目 相談上手は仕事上手

上司に質問や相談をするのが苦手だという人は、案外たくさんいらっしゃいます。上司や周囲の人との関係性が構築できていない、タイミングがつかめないなど理由はさまざまですが、放置しているとチームや周囲の人に迷惑をかけてしまいます。また、簡単に解決できることを先延ばしにすると、大きな問題になることもあります。

わからないことを聞くのは恥ずかしいことではありません。むしろ安心だ、信頼できる、と思われます。教わり上手になるポイントを三つお伝えしましょう。

① いきなり質問・相談をしない

「わからないことが出てきたらおうかがいしますので、よろしくお願いします」と、あらかじめ伝えて合意をとっておく。そして質問するときは、「今、お時間よろしいでしょうか」と声をかけてから話しましょう。

② 何を教えてほしいのか明確にする

事前に自分の中で明確に準備し、自分なりの仮説・意見を持ったうえで質問・相談しましょう。何度も同じ質問や相談をするのは相手の時間を奪うことになります。一度で解決できるよう心がけましょう。

③ 事後報告を忘れない

質問・相談に応えてくれた人に、事後報告を忘れずに。聞きっぱなしにならないようにしましょう。相談する側、そして相談を受ける側の心構えとして大切なのは、「素直さ」と常に考えや意見を「昇華させる」という気持ちです。

良い相談は、相手の安心につながります。応えやすい相談の仕方、相手が安心できる報告を常に意識しましょう。それが自分を磨くことにつながります。

14 日目

人に共感してもらうためにすべきこと

もっと周りの人に共感してもらいたいのに――。SNSの普及でそんな悩みをおもちの方が増えているようです。人との良いつながりを保つために必要な「共感力」。ビジネスでもプライベートでも「共感」が得られる自分になるためのポイントをお伝えします。

① 相手のことを深く知ろうとする

自分の気持ちや考え方を理解し、共感してもらうには、相手に興味を持つことです。なぜそうなのか？　どういう心情なのか？　穏やかな気持ちで、相手の気持ちや本心を引き出していきましょう。

② 呼吸を合わせ、気持ちを受け止める

相手がどんなボールを投げても受け止めます。「〇〇というお気持ちだったんですね」「それは悲しかったですよね」など、オウム返しをしながら、相手と呼吸を合わせます。声の大きさ、話のトーン、スピードなど相手のペースを尊重し、ストレスを感じさせずに気持ちよく話してもらいましょう。

③ 否定は決してしない

「そうじゃなくて」「でも」「しかし」などの否定語を使っていると、相手から共感が得られなくなります。人が最も不快になるのは自尊心を傷つけられたとき。正しいか、正しくないかを判断する前に、理解している、大切にしていることを重要視しましょう。知らず知らずに否定語を使っていませんか。相手と対立関係になることは避けるのが共感を得るコツです。

人が幸せや喜びを最も感じるのは、仲間と共に分かち合えたとき。人に共感してもらうことばかりを願っていては共感されません。まず自分が共感。そこからです。

15日目

間に秘められた思い、声にならない声

海外で、混雑の中を移動するには、「イクスキューズ・ミー」（失礼します）を連発しなければ、ほぼ誰も道を空けてくれません。一方、日本でなら気配を察知して、スペースをつくってくれる人たちが多いですね。

江戸の町人の間で生まれた「江戸しぐさ」は、まさにその象徴です。狭い路地ですれ違うときに互いの肩を引き合う「肩引き」、満席でも皆がこぶしを一つ浮かせて横にずれて一人分の席を作ってあげる「こぶし腰浮かせ」。人々がひしめく町で、いかに気持ち良く過ごすか、智恵をしぼってできた暮らし方の極意です。

そもそも日本人には、声にならない声を聴く感性があります。「間」に秘められた思いを読み取ることが得意です。相手の言いたいことを察知して、相手を慮ることができたのです。

客室乗務員をしていたとき、眠りから目を覚まされたお客様の表情を見て、お飲み物をお持ちしていました。喉が渇いておられることが感じられたからです。

これは私に察知する能力があったというよりも、お客様に関心を持ち、どんなことも敏感に感じ取ろうとする意思があったからだと思います。

ご家庭で、職場で、取引先で、相手の心の機微を察知する練習をぜひやってみてください。

コツは、さりげなく周囲を観察して、想像力を発揮すること。

そして、相手を尊重し、譲り合い、共生していくことです。

空気が読める人は何が違うのか。それは周囲の人にどれだけ関心を持ち、観察できるかの違いです。「陰の思いやり」を意識し、陰徳を積んでいきましょう。

16 日目

器を磨く

乗車券窓口で長蛇の列に並んでいたときのことです。

あと数人で自分の番が来るというときに、前に立っていた六十代の女性が「お急ぎでしたら、順番を代わりましょうか」と声を掛けてくださいました。確かに乗りたい電車があり、間に合うかと腕時計を見ていました。

「いえいえ、大丈夫ですよ。ご親切にありがとうございます」

そうお答えしました。その方は慎ましい印象でしたが、声には張りがあり、表情も豊かで優しさがあふれていました。自分だけの時間を心配している私と、人を配慮する余裕のある人。大きな差がありますね。あなたはどちらでしょうか。

思い浮かべてみてください。今、何を持っているか、今まで何を成し遂げ、人より何が優れているのか、ほかの人からどう思われているか。その評価によって人の器は決まるものではないでしょう。

では、人の器は何によって決まるのでしょうか。物の豊かさでなく「心の豊かさ」。競争ではなく協調、憎しみではなく愛、悲しみではなく喜びで日々を過ごせるか。このような自分自身の「観方」によって、その人の器が決まる時代になってきていると思います。心豊かな人はエゴを満たすだけの生活はしません。自分も楽しく、そして自分の世界に関わる人が楽しくなればと考えて生活します。

憎しみ、怒り、悲しみは、人としての温かみ、魅力を奪ってしまうものです。エネルギッシュに生きるためには、エゴではなく、「愛」「喜び」「楽しみ」を自分軸にしてみましょう。ほんの少し譲って、助けてあげることが、実は自分の心の栄養となり、豊かな心に育つものです。そうすることで、自然にエゴが消えていくことでしょう。

エゴを追い求めるほど心が貧相になり、不満・不安が広がります。「お先にどうぞ」「ありがとう」を笑顔で実践し、お互いの心を味わう毎日をめざしてみませんか。

17 日目

自然に学ぶ不完全の美

最近、じっくり月を眺めたことがありますか？

四季折々に暮らす日本人は、自然の中に生きることを通じて感性を養い、心豊かに暮らしてきました。それが昨今は、やりたいこと、やるべきことに追われて、せっかくの四季や自然に目を向ける余裕を失いがちではないでしょうか。

無理をして遠くの山や海へ出かけなくても、庭先の花を見たり、公園の樹木を見上げたり、道端の草花を見るだけでもかまいません。

大切なことは、そのかすかな変化に〝気づく〟ことです。

私たち日本人は自然の美しさを、目で見る以上に心で感じることに長《た》けています。

満月、三日月、上弦の月。一番美しいと感じるのはどの時でしょうか。外国の方が多く好むのは完璧な真ん丸の「満月」かもしれません。一方、日本の歌や絵画でよく描かれるのは三日月や雲間に見える月です。つまり、「完成された外見の美しさ」に心酔するだけでなく、花なら「これから咲くな」と期待する「期待美」。散った後に「あ～きれいだったな」と追懐する「追懐美」を楽しむ感性も持っているのです。

私はこうした「不完全の美」に天からの贈り物のような尊さを感じます。「あなたがここを埋めなさい。あなたの心が完成させるのですよ」。そんな言葉が聞こえるように感じるのです。

これは人を見るときにも言えます。つい他人の欠けているところに目がいって、不愉快になったり、「あなたは間違っている」などと責めてしまうものですね。

皆さんの心や想像で、欠けているものを埋めていく。そんな粋な楽しみを、じっくり味わってみませんか?

自分も相手も互いに欠点をもった「不完全な存在」という前提で人間関係を見直しませんか。不足を責めるより進んで補う。その姿勢が自他の成長を可能にします。

18

日目

会えないときも相手を笑顔に

知り合いの入院を耳にしたり、体調を崩して長らく会えていない友人がいる場合、どのように気づかえばよいでしょうか?

もし自分が入院していたら、どうでしょうか?

心細さから友人のことを思い出したりして、「会いたいな」と思う半面、知り合いに弱っている姿を見られたくないと思うかもしれません。

とても心配だけど、病気のことをどこまで聞き出してよいものか、お見舞いに行ってもよいものか。普段は親しい相手でも気をつかってしまうものですよね。

「どうしているかしら?」

「元気になってほしい」

そう思ったら、メッセージカードを出してみるのも一つの方法です。明るめの色のカードに、相手を想う気持ちをのせてみましょう。

「いつもありがとうございます。ご無沙汰していますね。お身体を案じております。○○さんとよく△△したことを思い出しています。□□で楽しかったですね。ぜひ、またいろいろとお話ししましょうね」

感謝や励ましの言葉をお伝えするだけでなく、楽しかった過去のエピソードを思い出してもらうだけで、相手の心が明るく、楽しい気持ちになるはずです。そうすることで、カードだけでなくあなたの温かい心が届きます。

お相手がそのカードを見て喜んでくれている姿を想像して、心と心の交流をしてみてください。たとえ直接お会いできなくても、相手を笑顔にすることができるのです。人の幸せを願う思いが自分に深い喜びを与えてくれます。

「お手紙やメッセージをお相手が見てくれる時間は、書いた方が書くためにどれだけの時間をかけたかに比例する」といいます。まさに陰の思いやり力ですね。

19

日目

「そとづら」のすすめ

「そとづら」の良い人というと、どのようなイメージを抱くでしょうか？　お調子者、裏で何をしているかわからないというようなイメージかもしれませんが、「そとづら」を良くすることは大切です。人前でも平気で疲れた顔や、つまらないからといって仏頂面《ぶっちょうづら》を見せることは、相手を不快にさせるからです。

現代は残念ながら、相手を慮れない人が増えています。「そとづら」を整えることは「たしなみ」の基本であり、「おもてなし」の第一歩。それは古来、日本人が大切にしてきたことです。相手の立場に立って、思いやりの心を持ち、相手に好感を持ってもらえることはとても大事なことです。

「そとづら」が悪い人は、実は多くのチャンスを逃しています。ほとんどの場合、自分で自覚しておらず「なぜツイていないのだろう？」と悩んでいる人も多いもの。人間関係を良くするためにも、まずはよい「そとづら」を身につけましょう。

誰もが今日から実践できる簡単な「そとづら」磨きをお伝えしましょう。

会話の中で「違い」より「同じ」、つまり「共感」できることを見つけます。そして「私もそう思います」「私も大好物です」と口にする。「そとづら」の良い人は、よほどのことがない限り他人を批判・非難しません。「好き」「同じ」さがしの達人です。

そして、話題を相手と競わず、相手の話題よりも、上を返すことをしません。

例えば、「先日熱海に行ってきて……」と言われたときに、「私はハワイに行ったけどよかったわよー」など、かぶせて返してしまう会話です。相手はとても不快な思いをするものです。相手を立てて、譲る。その気持ちを大切にしましょう。


相手に好感を与える「そとづら」は、陽の思いやり。日ごろから「嫌い」よりも「好き」を見つけ、「違う」「嫌い」を口にしない習慣を身につけましょう。

20日目 ほんの少し「手助け」の時間を

「犠牲」と聞いて、どんなイメージを思い浮かべますか?

マイナスのイメージをお持ちの方が少なくないでしょう。犠牲は弱いからではなく、むしろ強いからこそ犠牲になるものと考えてみてください。

野球では「犠牲フライ」「犠牲バント」があります。みんなのために自ら進んで犠牲になり、チームの勝利に貢献することです。

犠牲を「手助け」に置き換えてもよいかもしれません。

あなたは最近、家庭、友人関係、職場で、「手助け」をしたことがありますか?

自分に余裕があるときだけ手助けするのではなく、むしろ余裕がないときにこそ、自分がほんの少し犠牲を払って相手の困っていることに気がつき、手助けできる人になる。そうすれば相手も同じように、自分に余裕がなくても「できることがないかな」と、目を向けてくれるようになるものです。

お互いが自然とそうできる関係になれば最高ですよね。

現代では、ほんの少し自分が犠牲を払って他人の手助けをするという意識が希薄になってきています。少々おせっかいでも、さり気なく、相手に言われる前に動く。自分も他人も同じ根っこでつながっている。そう思ったら犠牲ではなくなります。

「大丈夫、これやっておきましたよ」

「こちら、よかったらどうぞ」

こんな言葉が飛び交う毎日になれば、世界にもっともっと笑顔が増えますね。


最近、誰かの「手助け」をしたことはありますか。家庭、友人関係、職場において余裕がないときこそ「何かできることないかな」のほんの少しの手助けを。

21日目 人を幸せにする「おせっかい」

「目の前の人を喜ばせ、笑顔にするには」

常に考えて動いていると、見る人によっては「おせっかい」に感じられるかもしれません。私は、そう思われてもいいと思い、進んで行動してきました。

「おせっかい」の語源は、すり鉢の粘りついたものを掻き落とす道具「切匙《せっかい》」とする説があります。他人の内側に入り込み、世話を焼く関わりが敬遠されがちな昨今ですが、人を幸せにするおせっかいなら、どんどん実行すべきです。

人を幸せにする「おせっかい」の三つのポイントをお伝えします。

①「まあいいか」ですませない

困ってそうな人を見て「大丈夫かな？」と思ったら、「誰かがやってくれるだろう……」と見て見ぬふりをせず、勇気をもってひと声かけたり、手を差し伸べる。

② 相手の気持ちを先読みする

日本人の長所「気配り」「心配り」は、気や心を相手に配ること。まさにこれがおせっかいの源。相手の表情、行動、言葉を感じて察し、先読みして、一歩相手に踏み込む。そっと「見守る」ことや「あいさつ」をすることも、おせっかいの大切な第一歩です。

③ 行動は「さりげなく」

「やってあげた」感は、どこか相手に伝わるもの。行動はスマートにさりげなく。これ見よがしなおせっかいは、押しつけになり無粋なもの。たとえ感謝されなくても、ただ自分がそれをできたことに喜びを感じることができる、マイプレジャー（それは私の喜びです）な人になりましょう。

人のつながりが希薄な世の中だからこそ「おせっかいな」人が、なくてはならない存在となります。おせっかいで楽しく「陰徳」を積んでいきましょう。

22日目 のりしろ――相手のメンツをつぶさず自分も気持ち良く

「のりしろ」という言葉があります。

紙を貼り合わせるときの、のりをつける部分ですね。転じて、「柔軟に融通をきかせる範囲」とか「遊びの部分」という意味でも使われます。

私はこの言葉に、ここからここまでときっちり決めずに、あいまいな部分や重なりを大事にする日本人らしい発想をみる思いがします。

一軒家に住んでいたときのことです。隣に住むご主人が毎朝、自宅前の掃き掃除をされるのですが、両隣とお向かいの半分くらいまで掃除をしてくださるのです。情けないことに、気づくのに時間がかかってしまい、お礼を言うのが遅くなってしまった苦い経験があります。

両隣の掃除を全部やると相手も気をつかうだろうと、あえて半分くらいにとどめていらしたようなのです。夏場には、庭木の水やりも毎朝、ホースを使ってこちらも半分くらいしてくださっていました。

この習慣を知った隣近所は、同じように自分のところだけでなく、両隣を気づかうようになったのです。

自分の持ち分だけをやるのではなく、相手のメンツをつぶさず、自分も気持ち良く、相手も気持ち良くなる。そんな見えない「のりしろ」をつくろうと、互いに努力をする。そこから全体が良くなる好循環が生まれます。

「ここからここ」と線を引かず、重なりを大事にする。その習慣が目に見えない「絆」となっていきます。身近な人との「のりしろ」を意識してみませんか。

23日目 AI時代にこそ輝く日本人の強み

東京2020オリンピックで日本は、チーム単位で競い合う団体戦でも、たくさんのメダルを獲得し、強さを発揮しました。

アスリート一人ひとりの力が単に合わさるのではなく、相乗効果で高め合い、個人では到底できない力を発揮できるところにチームスポーツの醍醐味がありますよね。日本人は、他者との違いよりも一致点を探すことに長けていると言われます。どうすれば他者のため、チーム全体のために役立てるか。そのために自分がどういう役割を担えばいいか。この「互譲互助」ともいうべきWEの精神が、日本チームの強さの秘訣かもしれません。

こうした精神はスポーツの世界に限らず、ビジネスで人と協働する際にも日本人の〝強み〟となるものです。コロナ禍の影響で、テレワークやデジタル技術による業務の効率化が進みました。その効率化の陰で「自分の範囲だけやればよい」とばかりに、他との関わり合いを避ける傾向が強まっている気がして、心配しています。

これから、進化を続けるＡＩと共存していくうえでは「人間にしかできないこと」を考え、伸ばしていかなければなりません。無機質でドライに流れがちな世の中だからこそ、互いに寄り添い、助け合う家族のような温かみを大切にしていきませんか。ダイバーシティやＳＤＧｓが求められるときだからこそ、日本の「互譲互助」の精神でつながる関係性が求められます。

私たちの足元には、日本の祖先、先人が遺してくれた贈り物がたくさん隠れていて、私たちが見つけることを心待ちにしてくれていることでしょう。

悩んだり葛藤することも人間らしさ。困難の中で自分を磨こうとする情熱こそＡＩにはない価値です。世界が学ぼうとする日本の強みを自覚し、磨きましょう。

24日目 正直は損？と思えたときは

「真面目すぎてしまい、自分が損をしているように感じます」

こんな悩みを相談されたことがあります。

真面目、正直とは、嘘、偽りのないこと。時間を守り、約束を破らない。途中で投げ出さない、細かな作業も怠らないこと――。

楽をして得をしたいと、利己的な人も多い現在、頼まれたことは断らず、コツコツと一生懸命に何事にも向かい、正直な人生を送っていらしたのでしょう。素晴らしいことだと思います。

不正直な人は実は自分にも嘘をつき、ごまかして生きているので、本当の自分がわからず、迷子になりがちです。そのような人生は、本当に幸せなのでしょうか。

他人の評価で自分の価値を計るのではなく〝自分とは何か〟と自問自答しながら葛

藤していく。そのようなことができる人は正直者です。

真面目な自分が損をしているように感じるのは、〝真面目な自分の行動と、得られる結果が合っていない〟と思うからではないでしょうか。

自分がしたことが報われない、わかってくれない、誤解される——。そういうときこそ、人の心はぐっと深みを増していくのだと思います。

自分のもらいたいご褒美を変えること。自分が正しい、楽しいと思うことに向き合い、葛藤すること。そして、自分の人生をすべて受け容れると、シンプルに自分と向き合うことができ、心が楽になります。

自分のしたことは自分に返ります。他人の人生ではなく、自分の人生を生きる。それだけで徳ある人生に変化していくのではないでしょうか。


常に人の評価や見返りを求める生き方は「自分がやった分、返してほしい」という取り引きと同じ。自分の価値の尺度を他人に委ねず、自分の人生として生きましょう。

25日目 下坐に生きる

誰にでも「すごい」「さすが」「うらやましい」と、人から優れていると思われたいという気持ちがあります。

人から承認されたい、存在感を得たい、恥をかきたくない――。その気持ちが手放せず、オーバーに伝えたり、知っているふりをしては、人も自分も欺《あざむ》いてしまいます。見栄を張ったり、嘘をついても、本音が見透かされてしまった場合、それこそ恥ずかしい思いをすることになります。

こうありたいという思いや志は大切です。しかし、言葉だけで終わらせるより、理想を実現させて本当に優れた称賛に値する人物になるにはどうしたらよいかと考えるほうが、よほど重要ですね。見栄を張らないようにするには、次のような方法があります。

① 自分がどのような場面で見栄を張ってしまうかを思い返してみる

すると、自分の傾向が見えてきます。口にしそうになったら、湧き上がるその思いを自分で叩いてみましょう。

② 等身大の自分でいる

わからないことを「ごめんなさい。わかりません」と言えるようにしましょう。弱みがあったほうが人間味が増し、親しみやすい人になります。今の等身大の自分で生きることを心がけると力が抜けます。

③ 下坐に生きる

上へ上へと行くのではなく、下へ下へと降りて相手を敬う。そしてその人を下から支えて、見守る。こんな心得ができると本当に大きな人になっていきます。

人は自慢されたときよりも自分が尊重されたときに相手を認めるもの。見栄を張らない慎む心は、目に見えないその人の本質をそっと伝えます。

26日目 約束を守る生き方

「人生を変えたい」「新たな自分に挑戦したい」。そう思っている方も多いでしょう。実は私も、そうは思っていてもなかなか変えられず、日々奮闘してきた一人です（今も奮闘中ですが……）。

子供のころから親や先生から「約束を破ってはいけません」と教えられてきました。約束には他者との約束、そして自分との約束がありますが、あらゆる約束の根本は「自分との約束」だと思います。

どれだけ自分が口にしたこと、決意したことを守れているか。「言っていること」と「やっていること」の違う人は、明らかに自分との約束破りで、信用されない人物です。親は子供を授かったときに、子供を幸せに育てると約束して産みます。学校の先生は子供たちに教えること、気づかせることを約束し、教職に就くでしょう。しかし、残念なことにいつの間にか約束を守らない、守れない親、先生が増えています。

もともと私たちは生まれるときに、この人生で、ある事柄を「やろう!」と自分自身に約束をして生まれてきていると言われています。「嘘つき」で終わらないためには、自分が決めたことに責任を持ち、決めたことを成し終えなければなりません。

おそらく皆さん、誰かと約束していたけれど、守れていないことが、一つはあることでしょう。それを今すぐやってみることです。たとえもうその相手に伝える術がないとしても思い切って実践し、約束を守ることです。今からでも遅くありません。

私たちは何をするためにこの世に生まれてきたのか。あなたの果たすべき役割は。私たちはそれぞれの約束を果たすために生まれてきました。自分の人生は自分しか生きられない。だからこそ、自分との約束はせめて守りたいですね。

少しでも約束を守れる人生、果たそうとする人生は、輝きを増します。「思いやりの一歩は、約束を守ること」。一歩ずつ、一緒に歩んでいきましょう。

27日目 善いことを習慣に

善い行いを習慣化すると、善い人生がひらかれていきます。

「早起き」「散歩」「瞑想」「日記」が、偉人と呼ばれる人々の多くが行っていた習慣であることは、すでにご紹介しました。

これらは、どれも静けさを楽しむ習慣です。

私の習慣は、人前で「和顔」を心がけることです。

和顔とは、微笑みをたたえた柔和な顔のこと。たとえ嫌なことがあっても、健康状態が悪くても、決してつまらない顔は人前ではしないと決めています。その顔を見た人は不愉快な気持ちになるからです。満面の笑みまでいかなくても、二〇パーセントの笑顔を習慣にしています。

笑顔の習慣は、ぜひ実践していただきたいことです。

笑顔は相手の警戒心や不安を解き、安心を与えることができます。そして心の窓を開き、心に潤いを与え、心を豊かにします。

相手は自分の鏡、こちらが微笑めば、相手も必ず微笑んでくれるもの。

まずは自分から笑顔です。

楽しいことがなくとも、「あーありがたい、私は世界一の幸せ者です」と、幸せを感じて、微笑んでみましょう。笑顔は幸せをもたらす幸福の種です。

幸せの種を人にまけば、やがて花が咲きます。その種は実は自分にもまかれていて、自分自身にも美しい花が咲くのです。笑顔の種まき、始めてみませんか。

28 日目

たぎるような情熱を

「たぎる」という言葉には、①川の水などが勢いよく流れる、②水が沸騰する、③感情が激しく湧き上がる、④他よりも優れている、という意味があります。

豊臣秀吉の時代は茶の湯が盛んでした。明日をも知らぬ武将たちが刀を外して、一服の茶を飲みながら、心を落ち着かせ、自分と向き合い、人生の豊かさと儚《はかな》さを味わっていたのです。

茶の湯では「たぎる」茶が最上のものとされていました。

「ぬるき」茶と「たぎる」茶の違いはなんでしょう。

温度の差を言っているのではなく、茶の湯への「心入れ」の違いです。

「心入れ」が甘ければ「ぬるき」茶になり、肚《はら》が決まって、深い呼吸とともに気迫を込めて点てた茶は「たぎる」茶となります。心ここにあらずの状態で茶を点てると、締まりのない「ぬるい」茶となるのです。

一椀の茶は喉を潤すだけでなく、心を潤すもの。だからこそ真心を込めて、心を尽くした「心のたぎり」が求められるのです。

日常でもここぞというときに、心をたゆませず、覚悟して生きる、肚を決めて動くことが成功への道です。

「こころなし」では何も成就しません。

皆さんの心の中の「たぎる」ものはなんでしょうか?

志や使命感、慈悲、恋愛、欠かせない習慣等々、さまざまでしょう。自分の人生をたぎらせて、命果てるまで、それぞれがそれぞれのおいしい茶の湯を楽しむ。そんな味わい深い生き方をしていきたいものです。

本当は誰にでも心の「たぎる」ものがあるはずです。内面を掘り下げて置き忘れたものを探し、「たぎる」生き方をクセづけしましょう。それが人生を楽しむコツです。

29 日目

自分を見つめ、沈黙を楽しむ時間を

忙しい日々を送っていると、いつのまにか時間が過ぎてしまいますよね。立ち止まって自分だけのために使う時間を持てているでしょうか。

相手や周囲のペースに合わせてばかりいると、だんだんと自分の思い描く理想や願望とのズレが生じて、心が疲れてきがち。「本当は、こういうふうに生きたい」という心の声に耳を傾ける「自分自身に問いかける時間」を意識して持つことをおすすめします。

「私が、いちばんイキイキすることってなんだろう」

「一年後、どんなふうに暮らしていたいのだろう」

「五年後、何ができるようになっていたいのだろう」

そうした今の自分のニーズを確認し、受け止め、そのためには自分はどうしたらよいのだろうか、と考えてみましょう。

限られた人生の時間の中で、自分がやりたいと思うもの、心がたぎる対象に出会えたら幸せです。そして、それで社会とつながり、自分と共に周りも笑顔にできたら最高ですよね。

そうなれるように一日五分でも、静かに自分と対話する「沈黙」の時間をもってみませんか。

第五章でご紹介した「茶禅瞑想」を、私は十年以上前から毎朝欠かさず続けています。外からの音を消し、今の自分の内面を静かに観察しつつ、思わずワクワクする自分の「ありたい姿」をイメージし、心に笑顔をつくってみましょう。

そんな沈黙を楽しむ小さな習慣が自分らしい人生をつくります。

時間に追われすぎて自分がしたいことを見失いそうになったら、茶禅瞑想で自分を見つめてみましょう。自然と心の声が答えを教えてくれるようになります。

30
日目

「有難い」をかみしめる

「ありがとう」が口癖になっている人と、そうでない人。感謝の気持ちをあえて口に出さない人もいれば、出せない人もいるでしょう。

逆に自分が人のために何かをしたときに「ありがとう」の言葉がなかったら……。「せっかくしてあげたのに、感謝の言葉くらいほしいよね」と思ってしまいますね。

しかし、感謝されなかったときこそ、どう感じ、振る舞うかが重要です。もともと感謝を期待してやったわけではないでしょう。自分自身の生き方として、あるいは自分が気持ち良いからやっていたはず。それを思い出して、清々しい気持ちを楽しむくらいがよいでしょう。

「ありがたい」の本来の意味は、「有り難い」つまり、「有ることが難しい」。だからこそ尊く、感謝しようと解釈することができますね。

「有難い」をひっくり返してみると「難有り」になります。つまり思いもしなかった困難なことが起きたときに、有難いと思えるかどうか。私は、そこにこそ「ありがとう」の真髄があるように思います。

「こんなことさえなければ幸せだったのに」

そうやって不運を嘆くのではなく「あの経験を乗り越えたからこそ、今の自分がある」「あのことがなければこんな喜びは感じられなかった」と難を受け容れ、逆に「有難い。なぜならば……」と置き換えることで、人間力が高まっていきます。

素直に歓迎することができない難儀に対し、感謝することで、自分を、自分を取り巻く世界を、好きになっていくのではないでしょうか。

思いもよらない困難こそ自分磨きに「有難い」もの。人として強く、豊かに生きていくためには、難はかけがえのない「磨き草」であるといえます。

31 日目

日々、新たに！

大人になればなるほど、素直にものごとを受け容れる気持ちが薄れ、聞きたくない話には耳をふさいでしまいがち。自分を肯定的に見てくれる人だけと付き合うようになってしまいます。年齢を重ねても成長していくために必要なことは何でしょうか。

① 直視する

ごまかさない、「なんとかなる」といい加減にしない。自分のしでかしたことから目をそむけない。見えていないのは自分だけと認識することから始めてみましょう。

② 他人のせいにしない

自分を愛する気持ちが強いと「相手が間違っている」「○○のせいでそうなった」と他責にしがち。自分に起こる事象は、すべて自分が招いたこと、自分の責任として捉えましょう。逆に考えれば、自分次第でいかようにもできるということなのです。

③ 直言してくれる人から逃げない

チヤホヤしてくれる人、自分を認めてくれる人と一緒にいるのは心地良いですね。耳の痛いことを直言してくれる人こそ「ありがたい」存在と思って近づきましょう。

④ 具体的な行動を変えてみる

指摘されたことから何を改めたらいいのか？　を明確にしていきましょう。すぐに自分の行動を変えることができれば、それは自分が活性化している証です。

自分にプライドを持っている「自己肯定力」が強いことは決して悪いことではありません。しかしその気持ちが強すぎると、成長の機会を自ら摘んでしまいがちです。人にも自分にも嘘をつかず成長の機会を求め、前に進んで活きた生活をしましょう。

「日々、新たに！」

年を重ねるほど人は頑固になりがち。見たくないもの、聞きたくないことを受け容れる「素直さ」が成長の原動力です。「日々、新たに」を合言葉に進みましょう。

□ □【16日目】 器を磨く

□ □【17日目】 自然に学ぶ不完全の美

□ □【18日目】 会えないときも相手を笑顔に

□ □【19日目】 「そとづら」のすすめ

□ □【20日目】 ほんの少し「手助け」の時間を

□ □【21日目】 人を幸せにする「おせっかい」

□ □【22日目】 のりしろ――相手のメンツをつぶさず自分も気持ちよく

□ □【23日目】 ＡＩ時代にこそ輝く日本人の強み

□ □【24日目】 正直は損？ と思えたときは

□ □【25日目】 下坐に生きる

□ □【26日目】 約束を守る生き方

□ □【27日目】 善いことを習慣に

□ □【28日目】 たぎるような情熱を

□ □【29日目】 自分を見つめ、沈黙を楽しむ時間を

□ □【30日目】 「有難い」を噛みしめる

□ □【31日目】 日々、新たに！

Let's 自分磨き！チェックシート

※自分磨きした日に✓しましょう

□ □【1 日目】 あいさつ上手の四つのポイント
□ □【2 日目】 ご近所づきあいの秘訣
□ □【3 日目】 苦手なタイプとどう付き合うか
□ □【4 日目】 目尻、下がっていますか？
□ □【5 日目】 自分を主張したくなったら
□ □【6 日目】 上品に断りたいときは
□ □【7 日目】 自分と違う意見をどう扱いますか？
□ □【8 日目】 聴き方のコツは「二つ話して、八つ聴く」
□ □【9 日目】 プライバシーに踏み込んでくる人には
□ □【10日目】 NOを伝える粋なプロセス
□ □【11日目】 相手を思う時間を持てていますか？
□ □【12日目】 自分中心では察することはできません
□ □【13日目】 相談上手は仕事上手
□ □【14日目】 人に共感してもらうためにすべきこと
□ □【15日目】 間に秘められた思い、声にならない声

おわりに

最後までお読みいただき、ありがとうございます。

この激動の変革期、人間力とは何かが問われていると思います。

人間としての何を遺すのか？

人間は不完全な生き物です。完全を求めても何一つ完璧にできません。だから面白いし、求め合い、協力し合うのだと思います。

成功したか、失敗したかは関係ありません。自らが日々成長すること。無限の可能性を信じて明るく、笑顔で、楽しむ。イキイキワクワク、自分らしく生きていくこと。

自分らしく生きるとはどういうことか？

佐藤一斎の『言志四録《げんししろく》』の中で私が一番好きな条に、

「一燈を提《さ》げて暗夜を行く。暗夜を憂うることなかれ、ただ一燈を頼め」

があります。

一つの灯りを提げて暗夜を行く。暗夜を心配することは要らない。只、自分が提げている灯りをこそ信頼せよ。

「暗夜で頼みになるのは己の提灯だけ。暗夜を恐れず、自分の使命を信じ、進め」


その自分の一燈とは？

それは、自分の手元で燃えている火ではなく、自分自身の中にある消えない火、自分が体当たりしていく中で発火する火なのだと思います。

あなたは何をするためにこの世に生まれてきたのか。あなたの果たすべき役割は。果たすべき役割が人それぞれあることに気が付けば、自分らしい生き方（道）が、それぞれの人生に創り上げられていくことになるでしょう。

もともと私たちは生まれるときに、自分自身に課題を課して、その課題解決を「やろう！」と自身に約束をしてこの障害物競走をエントリーしてきました。

この障害物競走を嫌々走るのではなく、自分だけの景色を楽しんで自分なりの人生を精一杯、もがきながら、失敗しながら勇ましくチャレンジしていくこと。

それこそが一燈ではないでしょうか？


さらに自分以外の人のために自分はどうありたいか、あるべきかを考え、Ｉではなく、ＷＥで生きる。

そして自分を求めてくれる場に居られること、生かして頂いている力（サムシンググレート）に感謝し、その場で精一杯の自分に与えられた役割を果たそうとし続けていけるといいですね。


人間は一生懸命なときが美しい。

結果がどうあれ、自分に恥じることなく生きる。

たとえ笑われようが、認められずとも、非難されても、涙を流して笑顔でいよう。

人に評価されようなどと思わず、失敗したらどうしようという気持ちと闘い、肚を決めて、自分を貫こう。

この混迷する世界の中で、人間が迷いなく進む一つの光として、先人から受け継いだ魂を一人ひとりがたぎらせる。何かを遺せる生き方になるかもしれないし、そうでないかもしれません。ただそうすることでしか何も遺せない。

そして自分の苦しみや悲しみ、喜びを表に現さず、隠し、制御していくという礼を重んじる行為を大切にしていければと思います。

実は以前から書物を拝読していました執行草舟《しぎょうそうしゅう》先生と数年前、月刊誌『れいろう』新春号で対談をする機会がありました。そのとき、先生が私に贈ってくださった言葉を、私は自分の生きる指針にしています。

「克己復禮」（己《おのれ》に克《か》ちて、禮《れい》を復《ふ》む）『論語』［顔淵篇］

自己に打ち克つ人間はすべてが礼にかなってくるという意味です。人間は共存共栄するためのものとして礼を生み出しました。人間関係を円滑にするため、悪徳に陥ることなく、平和や幸福のために礼を重んじなければなりません。人間同士が調和の世界を創造していくためには礼を取り戻さなくてはならないのです。

一燈を提げ、自分に克ち、「礼」つまり「義」と「仁」を実行しながらもがき、そして何よりも自分自身の人生・運命を受け容れ、楽しみながら進みたいと思います。

皆さまの一燈で世の中が明るくなり、皆さまの心の温かさを抱きしめる。

そんな世界に憧れて。

三枝理枝子

令和三年八月の佳き日に

◆著者略歴

三枝理枝子（さえぐさ・りえこ）

パッションジャパン株式会社COO、作法家、裏千家茶道師範（茶名：宗理）。青山学院大学文学部英米文学科卒業。ANA（全日本空輸株式会社）入社後、国内線・国際線チーフパーサーを務める。VIP（皇室、総理、国賓）フライトの乗務などで幅広く活躍。現在は「実行力」を人や組織に定着させ、接点強化で成果を出すマネジメントコンサルタントとして、大手・老舗企業からベンチャー企業まで幅広く支援。優秀な外国人を育成し、日本で就職・活躍してもらう外国人育成と就職支援も推進中。

著書に、シリーズ累計16万部のベストセラー『空の上で本当にあった心温まる物語』（あさ出版）、『「ありがとう」と言われる会社の心動かす物語』（日本経済新聞出版社）、『お客様の心をつかむサービスを、効率的に。』（クロスメディア・パブリッシング）など多数。

パッションジャパン　http://www.passion-jpn.com

パッションキャリア　https://passion-career.com/

fromCA　https://fromca.jp/

人間力のある人はなぜ陰徳を積むのか

2021年9月25日　初版第1刷発行
2023年1月1日　第4刷発行

著　者　三枝理枝子

発　行　公益財団法人 モラロジー道徳教育財団
〒277-8654 千葉県柏市光ヶ丘2－1－1
電話 04-7173-3155（出版部）
https://www.moralogy.jp/

発　売　学校法人 廣池学園事業部
〒277-8686 千葉県柏市光ヶ丘2－1－1
電話 04-7173-3158

印　刷　シナノ印刷株式会社

ISBN978-4-89639-275-3